AF448721

SER
EXITOSO
AUDAZ
LÍDER

ZALO GARCÍA

A mi mis hijos Paola, Diego y Valeria,
con todo mi amor.

SER EXITOSO, AUDAZ, LÍDER
©GONZALO ENRIQUE GARCÍA HERNÁNDEZ
ISBN: 978-9962-13-533-3

Corrector de texto: Rubén Hernández
Diseño de portada y diagramación: Roberto Pérez Bonet
Coordinador editorial: Luigi Lescure
Ilustraciones interiores: Uvence Santamaría / Diseño original de Freepick
Foto de portada: Enrique Pareja

Impreso por Ruby Creations
1ª Edición

Panamá, República de Panamá.

AGRADECIMIENTOS

A Dios, por su guía y las lecciones de vida que me ha enseñado. Por mostrarme el instrumento que hoy día soy y por el amor que llevo dentro de mí. Te amo, Padre Celestial.

A mis hijos Paola, Diego y Valeria. Ustedes inspiran mi vida y son la razón principal por la cual escribí este libro. Los amo, Porotita, Chiquitín y Cosita Hermosa.

A mis padres Gonzalo y Rosa, que son mi ejemplo de motivación y fortaleza en todo momento. Los amo, papá y mamá.

A todas las personas que me han acompañado a lo largo de mi vida, aportándome valiosas experiencias para crecer como ser humano. Aunque algunas han partido ya, las vivencias compartidas permanecen y me impulsan por esta travesía que llamamos existencia.

TABLA DE CONTENIDOS

INTRODUCCIÓN

Hace casi 30 años tuve la oportunidad de iniciar por el áspero camino que representa asumir una posición de liderazgo dentro de una organización. Áspero, porque el ejercicio de dicha posición exige: superación personal, motivación o como yo lo llamo, simplemente "crecimiento". Escribir este libro es una meta que me propuse hace varios años y que hoy alcanzo. Elegir el tema no fue nada difícil, porque yo conocía el propósito hacia dónde pretendía llegar; sin embargo, deseaba que el contenido de ese tema fuese realmente novedoso, no más de lo mismo.

A través de los años, he guiado a personas y a equipos en temas de superación individual y colectiva. Aun cuando éstos aportan valores y motivación a quienes los toman, casi siempre sucede que el efecto de dichas actividades dura poco tiempo. Yo me preguntaba ¿ por qué ocurría esto ? La primera conclusión a la cual llegué es que existe una diferencia muy marcada entre seminarios, talleres y entrenamientos. Los dos primeros suelen ser muy teóricos y con escasa práctica, mientras que en los entrenamientos predominan ideales, pero con mínimos logros en cuanto a resultados efectivos para quienes asisten a tales prácticas. Dicho de otra manera, los mencionados intentos de superación personal suelen ser, en definitiva, más teóricos que prácticos.

La segunda conclusión fue que, muchas veces, en estas prácticas formales de superación personal se habla de motivación, de ejecutar acciones para el logro de metas, de zona de confort, de creencias limitantes; sin embargo, no se profundiza en cuáles son las verdaderas razones que impiden alcanzar una meta. Es cierto que para alcanzar estas metas el camino hacia ellas, se torna complicado porque depende de la realidad de cada uno; por eso dice el refrán que «cada cabeza es un mundo».

La tercera de mis conclusiones es que, aun cuando las acciones guiadas para superación personal dan resultado, el efecto depende de cada persona. Se debe garantizar un seguimiento para atender a quien no está logrando sus propósitos para que adopte mayor conciencia y responsabilidad sobre lo que está ocurriendo. Solo a través de la conciencia del participante, se puede hacer los ajustes necesarios en él, pues no basta con que alguien le diga lo que debes hacer si el interesado no está plenamente convencido.

De estas tres conclusiones, arriba expuestas es que nace mi libro *Ser exitoso, audaz, líder*. El libro muestra el camino a seguir, empezando por donde debe ser, aprendiendo un poco de ti. Reflexionando sobre cuál es la razón de tu existencia. Que no debemos andar por la vida como si fuésemos objetos sin sentido. Entendiendo cuáles son esas fuerzas internas que tenemos y que nos mueven a superar las adversidades que el día a día nos exige la existencia. Debes conocer a profundidad a ese ser tan maravilloso que eres tú, desde una perspectiva distinta a la que nunca habías visualizado. Basado en lo antes anotado, *Mostrando la forma correcta de trabajar ordenadamente en ser, hacer, tener.*

Tal parece que el ser humano está más enfocado en <u>tener</u> que en <u>ser</u> y esto dificulta su realización plena. Lo material es parte de la realización terrenal del ser humano; sin embargo, ¿A dónde queda entonces el espíritu y su alma misma?. Fortaleciendo el ser, entonces, es mucho más sencillo hacer que a su vez se vea beneficiado del aprendizaje y por eso menciono que «el conocimiento es poder». El conocimiento te abre mayores oportunidades de soluciones a cualquier problema que enfrentes. Entrando un poco más en nuestras voces interiores, le damos mayor claridad y comprensión de lo que ocurre en nuestro cerebro y nuestra mente. Se muestra la realidad que ocurre en cada persona sin excepción, sea rico o pobre, blanco o negro, hombre o mujer, adulto o niño; todos tenemos conversaciones todo el tiempo y, siendo más conscientes de las mismas, podemos cambiar hábitos de pensamientos y, a su vez, de emociones que se traducen en acciones y resultados posteriores.

Todos hemos sentido miedo en algún momento de nuestras vidas, pero no sabemos cómo actúa el miedo, entonces: ¿cómo dominarlo si no sé cómo se produce?. La fisiología del miedo aclara las dudas e interrogantes sobre el miedo, ¿qué lo causa?, ¿cómo anticipar los síntomas?, ¿qué es la reacción de lucha o huida?, ¿qué reacciones hay en mi fisiología?, ¿cómo nacen los miedos?; y más aún: entenderlos y restarles poder.

El fracaso como una forma de miedo es tan frecuente y tan común en miles de personas que nos frena para alcanzar nuestros sueños. El miedo es creado por nosotros mismos como aquellos monstruos que solo existen en nuestra imaginación. El poder que tiene cambiar una sola palabra abre el abanico de oportunidades que tal vez no hubieses pensado en su existencia pero que estaba allí en letargo, esperando para ser usado.

Es de vital importancia el motivarse uno mismo. Ayudando a nuestro cerebro a tener más pensamientos positivos que negativos. Reprogramando nuestra vida hacia nuevos rumbos. Cambiando eventos puestos allí por nosotros mismos o por otros. En cualquier caso, aprendiendo que somos el *hardware* y no el *software* y, como tal, podemos reprogramar cuando queramos hacerlo. Aprendiendo de los mejores, de aquellos que han fallado y han identificado sus falencias.

Para emprender una reprogramación de nuestras vidas, debemos emular los resultados de los Navy SEALs a nuestro quehacer cotidiano y lejos de la formación militar de éstos. Adoptando enseñanzas que nos proporcionan treinta años de investigación y desarrollo. Emular y adaptar aprendizajes de otros a nuestra propia realidad. Técnicas probadas satisfactoriamente y que nos ayudan en nuestra realización como seres humanos y ¿ por qué no?, hasta influenciar positivamente a otros en adelante. Creando una mentalidad tan poderosa que no sea fácil de romper. Aprendiendo el poder de las palabras, la disciplina y técnicas como la regla del 40 %. Saber que tenemos una mayor capacidad, aun cuando pensamos que estamos acabados y que siempre queda más energía en el tanque. Como creemos muchas veces que somos los dueños de la verdad y saber que lo debemos a nuestros filtros y cómo funcionan ellos en las percepciones que tenemos sobre todo nuestro mundo y fuera de él.

Lo importante que es tener a alguien que nos empuje a lograr nuestras metas. Una inspiración, un maestro, un mentor, quienquiera que sea y como, a pesar de nuestros gustos o disgustos, lo que prevalece es el compromiso, el deseo de alcanzar nuestros sueños, dejando de lado las excusas y el autosaboteo. Saber que hasta los más grandes tienen un maestro, alguien que los inspira a ser mejores. Una vez estamos alineados con nuestro compromiso lo que sigue es avanzar hacia lo que antes consideramos poco realizable, con la diferencia que tiene un cambio de mentalidad para no conformarnos con menos que un triunfo en cada meta.

Reinventarse cada vez que sea necesario como una herramienta de crecimiento y adaptación hacia aquello que deseamos alcanzar. Tomar el concepto de reinventarse y adoptarlo como parte de nuestra vida diaria, nos ayuda a expandir nuestras posibilidades de crecimiento en cualquier área que deseemos emprender. Convertirse en un verdadero líder y no un seguidor utilizando las doce claves para un liderazgo clase A+ como le llamo a aquellos líderes excepcionales.

Son todas estas posibilidades las que nos ayudan a crear un mundo mejor traspasando lo aprendido a través de nuestra propia experiencia o de terceras personas de forma práctica o teórica. Despertar de un sueño, para materializar nuestros más profundos deseos y anhelos con la convicción que lograremos un resultado en cada cosa que iniciamos y depende de nosotros mismos cuál será ese resultado.

De todo lo anterior trata mi libro y espero le saques el máximo provecho. Puede ser un capítulo, una frase, una idea o una palabra que te haga sentido: es suficiente para mí, que solo deseo hagas realidad tus sueños y no permitas que queden únicamente en un pensamiento, una palabra o una agenda. Toma las acciones que tengas que tomar para empezar a lograr, paso a paso, el camino hacia tu éxito, siendo audaz en tus acciones y convirtiéndote en un verdadero líder para otros. «Solo te cansará aquello que no disfrutas. Solo te cansará aquello donde no te apasiona. Solo te cansará aquello donde hagas algo que no te llena. Por eso, por la poca vida que nos queda, haz cosas que te apasionen, no vendas tu vida, no vale la pena» —Emilio Duró.

CAPÍTULO I

DESCUBRE QUIÉN ERES

El camino a la felicidad yace en dos sencillos principios: descubre lo que te interesa y haces bien y, una vez descubierto, métele toda tu alma, cada onza de energía, ambición y habilidad natural que tengas.
—John D. Rockefeller III.

Era el año de 1991 y acababa de terminar mi carrera universitaria, recuerdo estar en mi habitación leyendo un libro, que por casualidad encontré en la casa de un amigo, sin saber que esa obra cambiaría mi vida en adelante. Tal vez lo hayas leído y, si no es así, te lo recomiendo: *Piense y hágase rico*, de Napoleón Hill, un libro lleno de enseñanzas desde el principio hasta el fin. Me encontraba leyendo este libro, a pesar de que la lectura no era un hábito que yo tenía en aquel entonces. Cuando entra mi padre a la habitación, me ve leyendo el libro, mira el título y me dice: «¿Tú crees que leyendo ese libro te vas a hacer rico?». Yo solo sonreí, él no lo decía con mala intención, sino todo lo contrario: debía ponerme en marcha. Era ambicioso, pero no sabía qué hacer ni cómo hacer, pero esa pregunta que mi hiciera mi padre tendría sentido más adelante en mi vida y que luego veremos en los siguientes capítulos.

Aquel libro me hizo sentir atraído por los temas de superación personal y motivación y, cómo no, si me sentía inspirado y es esa misma inspiración la que me lleva a moverme a buscar mi primer empleo, lo cual no demoró mucho pues logré ingresar en un banco como auxiliar contable. Ya había logrado lo que muchos llaman lo más difícil, «empezar», y es que, una vez empiezas, el resto es esforzarte y mantenerte firme, pero de esto hablaremos en otro capítulo.

Un buen día, estando en mi puesto de trabajo, se me acercó la gerente de Recursos Humanos y me dice: «¿Puedes venir a mi oficina?», a lo que le contesté: «Claro, vamos». Mientras caminaba hacia su oficina, pensaba: «Me van a botar. ¿Qué habré hecho?». No sabía qué pasaba. Al llegar, entré y me senté frente a su escritorio y ella me pregunta: «¿Cómo te sientes?»; lo cual me relajo un poco y seguimos conversando unos minutos antes de decirme: «Quiero que vayas a un curso de superación personal». Esto me dejó confundido y a la vez entusiasmado. ¿Por qué ella se dirigió a mí? ¿Por qué no buscó a alguien más? Qué casualidad… es el tema que me gusta. Le contesté que sí. «¿Cuándo empieza?». «Hoy mismo», me contestó (era miércoles). «¿Y hasta cuándo es?». «Hasta el domingo», respondió. No sabía qué decir, no estaba preparado para esto; sin embargo, no dudé y, al salir del trabajo, me dispuse a ir al curso que no solo cambiaría mi vida, sino que sería el inicio de un largo camino lleno de satisfacciones.

El curso mencionado estaba diseñado por una empresa americana, Life Spring, que tenía mucho impacto por aquellos tiempos en los Estados Unidos y otros países como Argentina y México. Al entrar al salón donde se daría el curso, me encuentro con un mensaje grande, escrito en la pared frontal del salón, que decía algo como esto: «Bienvenido al primer día del resto de tu vida». ¡Seguro que así sería! Pensé. Tomé todos los niveles de aquellos cursos, no solo como participante, sino también como parte del *staff*, lo cual me mantenía aprendiendo y, al mismo tiempo, motivándome a seguir por este camino que estaba lleno de satisfacción personal al ver la transformación que lograban las personas que asistían y al darme cuenta de que yo era parte de esa transformación. Para mí aquello no tenía precio. Pienso que todos nacemos con un don, un regalo de vida y está en cada uno descubrir cuál es ese tan preciado tesoro escondido en nuestro interior. Una vez lo descubres, todo en la vida parece tener sentido.

Un entrenador que tuve me enseñó que, cuando estás realmente decidido y comprometido a lograr algo, el universo se alinea tras esa meta y todo se va dando; pues así es y lo comprobé con todo lo que me había ocurrido y es que, como dice el famoso escritor Paulo Coelho, «cuando quieres realmente una cosa, todo el universo conspira para ayudarte a conseguirla».

Una gran ayuda en la búsqueda para descubrir quién eres y tu don de vida es la formulación de lo que yo llamo «super preguntas», que son preguntas poderosas y profundas y, entre más poderosa y profunda es la pregunta, así mismo será la respuesta y es que recuerda que tu cerebro es como una base de datos que almacena toda la información que necesitas, para dar una respuesta de acuerdo a vivencias y aprendizajes que has adquirido a lo largo de tu vida, y de igual forma, el universo conspira a tu favor en el exterior para mostrártela y depende de ti darle sentido. ¿Quién soy?, ¿qué es lo que me gusta hacer?, ¿qué es lo que me apasiona?, ¿cuál instrumento creo yo que soy y que me distingue de las demás personas?, ¿quién quiero llegar a ser? Y por qué no, ¿cómo quién quisiera ser? Tu cerebro empezará de forma inmediata a buscar todas las posibles respuestas que encuentre y es entonces, cuando llega una respuesta que te hace visualizar ese camino, sentir cada evento en él, a verlo con todos sus colores vívidos, a escuchar los sonidos que envuelven ese camino, a soñar despierto, una perfecta armonía entre tu cerebro y el corazón a través de pensamientos y emociones. Eso, mi amigo, es el inicio de algo tan grande como tú quieres que sea. Puedes ser bueno en lo que decidas hacer, puedes aprender a hacer muchas cosas y tal vez ese don no lo veas tú, pero los demás sí lo ven y es que la grandeza es como el perfume: quien lo lleva no lo siente, pero alrededor los demás sí.

Una frase coloquial dice: «Todos los caminos conducen a Roma» yo la modificaría por «Todos los caminos conducen al éxito». Soy graduado del colegio con un bachillerato en Ciencias, fui a la universidad a estudiar una carrera que nunca había visto y de la cual no sabía nada, la contabilidad, cuando en realidad los planes eran estudiar odontología y, de hecho, estaba a punto de iniciarla, sin embargo, me desempeñé como gerente financiero durante toda mi carrera logrando muchos éxitos y de igual forma, he logrado éxitos como entrenador inspirador; entonces ¿entiendes el punto?, puedes ser muy bueno, excelente en lo que haces, sin embargo, tal vez —y digo tal vez— no sea tu destino final, pero tranquilo, que puedes cambiar el rumbo: solo tienes que hacerlo y nunca será tarde.

En una conversación entre Alicia y el gato en la obra *Alicia en el país de las maravillas*, se explica claramente lo que trato de decirte:

ALICIA: Te importaría decirme ¿qué camino debo tomar a partir de aquí?

GATO: Eso depende en gran medida de dónde quieres ir.

ALICIA: No me importa mucho.

GATO: Entonces da igual el camino, cualquiera que tomes está bien.

La búsqueda de la esencia de quién eres, de cuál es el instrumento que representas y de cuál es el don que la vida te ha dado es el punto de partida para alcanzar el éxito y tomar las riendas de tu vida, vivirla a plenitud como tú realmente quieres que sea y es que la vida no es algo que te sucede, tú lo creas en tu vida. Tal vez no descubras de una sola vez las respuestas, pero te garantizo que, si le pones empeño y te comunicas con ese ser maravilloso que eres tú, lograrás hacerlo. Tal vez ya has tenido lo que muchos llaman corazonada, presentimiento y que realmente es la intuición cuya definición sencilla es la «facultad de comprender las cosas al instante, sin necesidad de realizar complejos razonamientos» y que tal vez hayas experimentado en alguna ocasión cuando te preguntaste por qué hice esto o lo otro o por qué elegí esto o lo otro, simplemente lo presentí. No, amigo mío, esa es la intuición que te lleva a decisiones que te sorprenden.

Ya decía Alex Mero: «La intuición es el conocimiento interno, la guía de nuestra misión».

Tómate un tiempo al día para encontrarte contigo mismo, para meditar, en un lugar apacible, cierra los ojos, escucha música inspiradora y deja que fluyan los pensamientos guiados por las super preguntas que hagas; conéctate realmente contigo mismo, honesta y sinceramente, y, al terminar cada sesión, anota todos aquellos mensajes que recuerdes y agrégalos a una lista cada vez que hagas este proceso.

En mis entrenamientos he comprobado que aquellas ideas que llegan espontáneas sin pensarse demasiado y que sorprenden a uno mismo son aquellas que tienen mayor valor y sentido. Quiere decir que la respuesta está en ti, muy dentro esperando a ser descubierta, y recuerda: no importa el tiempo que tomes encontrarla, lo que realmente importa es qué es lo que vas a crear con esa herramienta que eres tú.

El famoso psicólogo Wayne Dyer en su libro *Diez secretos para el éxito y la paz interior* dice lo siguiente: «El objetivo en la vida tiene que ver con la idea de servir. Tiene que ver con dejar de centrarnos en nosotros mismos y en nuestro interés y servir a los demás de uno u otro modo. Uno construye porque le gusta hacerlo; pero también construye para hacer felices a los demás. Uno diseña porque su corazón le lleva a hacerlo; pero sus diseños están al servicio de los demás.

Uno escribe porque le gusta expresarse con palabras; pero esas palabras ayudarán e inspirarán a los lectores».

Entonces, ¿Cómo sé que encontré mi propósito de vida? Ésta es la pregunta que a diario escucho y la respuesta te la puedo decir de tres maneras distintas. La primera es, haciendo una pregunta a lo que decides emprender, ¿lo haría de gratis?, si realmente te apasiona y tu respuesta es afirmativa, entonces vas por buen camino. La segunda es utilizando la siguiente idea de Richard Bach en su libro *Juan Salvador Gaviota*, donde se le pregunta ¿Cómo sabré cuándo he completado mi misión? Respuesta, Si sigues respirando es que no has terminado. La tercera es, lo que dice tu intuición, tu corazón y todo tu ser.

TENER
HACER
SER

CAPÍTULO II

SER, HACER, TENER

Ve tras tu pasión, no una pensión.
—Denis Waitley.

Escucho con frecuencia ideas como «el día que tenga dinero, entonces haré un viaje» y «cuando tenga una posición de gerente, entonces seré feliz». Una vez más te diré: no, mi amigo, seguirás esperando si sigues pensando de esa forma. Probablemente nunca tengas ese dinero para hacer un viaje y probablemente jamás seas feliz porque no ocupes una posición de gerente y, si este es el orden que le das a las cosas, más vale que empieces a acostumbrarte a vivir de sueños sin realidades. En este capítulo hablaremos de cuál es la forma correcta para alcanzar todo éxito y probablemente se inventen alguna fórmula nueva o distinta, pero les garantizo que siempre tendrán que ver con el principio del SER, HACER, TENER.

En las matemáticas nos enseñan que el orden de los factores no altera el producto, pues bien, en este caso… sí se altera el producto. Los resultados que queremos lograr en nuestras vidas y para esto te explicaré qué significan estos tres términos expresados a continuación:

<u>Ser</u>: Hay muchos significados referentes al ser, algunos un tanto complejos, tal es el caso de la emblemática frase profunda de la obra *Hamlet,* una de obras literarias más importantes de la historia de William Shakespeare: «Ser o no ser, esa es la cuestión». Esta frase establece un dilema entre dos alternativas a seguir. Por un lado, si decides *Ser;* es decidir existir y vivir la vida día a día, sacando la esencia del ser que eres en realidad. Por el contrario, si la elección es *No Ser* es negarse a la existencia misma a vivir la vida, tal y como la conocemos. Entonces, es un tema existencial o existes o no existes. ¿Quién existe o deja de existir?, pues el *Ser.* Esta frase nos da mucho conocimiento sobre varios puntos que hablaremos en otros capítulos: pensamientos y diálogo interno, pero en definitiva, es una reflexión profunda que encierra la frase misma y que puede tener diferentes significados de tipo religioso, psicológico y teológico.

En definitiva, cuando hablo de *Ser,* me refiero a todo el conjunto de cosas que tú representas y, principalmente a tus pensamientos, percepciones, emociones y no a tu aspecto físico, lo que realmente importa son tus resultados.

Te sorprendería saber que, para alcanzar el éxito, el 90 % es *Ser* y el 10 % restante el *Hacer,* ya que el *Tener* es solo el resultado final de la suma de los dos anteriores.

¿Qué es lo que hace tan importante al SER como enfoque principal de la fórmula para el éxito? Tomando en cuenta que anteriormente dijimos que no nos referíamos al aspecto físico, y como también mencionamos, que el *Ser* también comprende tus pensamientos, percepciones y emociones las que has aprendido a desarrollar y las cuales pones de manifiesto debido a tus experiencias vividas y aprendidas desde niño, así como la forma que tienes tú de ver las cosas y el sentido que les das o lo que llamamos percepción y las emociones que conllevan el conjunto de todas esas percepciones y todos esos pensamientos. Al respecto, bien decía Mahatma Gandhi:

«Cuida tus pensamientos, porque se convertirán en tus palabras. Cuida tus palabras, porque se convertirán en tus actos. Cuida tus actos, porque se convertirán en hábitos. Cuida tus hábitos, porque se convertirán en tu destino». El siguiente cuadro explica con claridad cómo se produce un ciclo de resultados dentro de ti que siempre debes tener presentes:

Los pensamientos llevan a sentimientos. Los sentimientos llevan a acciones. Las acciones llevan a resultados.

¿Cómo se forman los pensamientos? o, mejor dicho, ¿de dónde vienen mis pensamientos? Como referencia usaré la película *El origen* de Christopher Nolan, en donde un grupo de expertos debe lograr lo imposible, sembrar un pensamiento en el cerebro de una persona haciéndole pensar que fue idea propia. Una idea revolucionaria, sin embargo, debo decirte que los pensamientos vienen de tus archivos de información o programación que has recibido durante toda la vida y especialmente de niño, de tus padres, maestros, parejas y otras personas, y por eso a menudo se le llama mente condicionada. Si agregamos esa variante a la fórmula anterior, entonces quedaría de la siguiente manera:

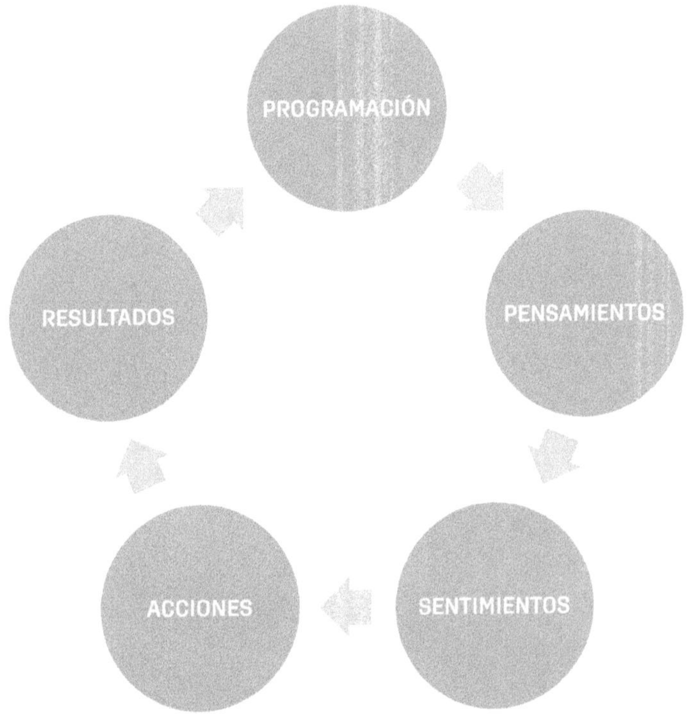

Es decir, tu programación lleva a tus pensamientos; tus pensamientos llevan a tus sentimientos; tus sentimientos, a tus acciones; tus acciones, a tus resultados.

Tal vez te preguntes ahora, ¿entonces, qué puedo hacer para cambiar mi programación? La buena noticia es que usando tu conciencia puedes ver tu programación como lo que es, una grabación de la información que recibiste y creíste en el pasado, pero date cuenta de que ese condicionamiento no es quien eres tú, sino quien aprendiste a ser. Tú no eres la grabación, mi amigo, sino la grabadora; no eres el *software*, sino el *hardware*. No importa qué haya sucedido hasta ahora: sí puedes cambiar tu programación, es cuestión de cambiar hábitos: el hábito de hacer y el hábito de no hacer. ¿Cuál eliges tú en adelante?

Al igual que un ordenador, cambiando tu programación das el paso más importante hacia el cambio de tus resultados y del éxito. Al final, lo que realmente importa es el concepto de ti mismo y que tú puedas reinventarte y reprogramarte las veces que quieras; y, si una forma no funciona, entonces cámbiala. «Lo que descansa a nuestro lado y lo que descansa frente a nosotros es insignificante al compararlo con lo que descansa dentro de nosotros», decía Ralph Waldo Emerson.

Hacer. Las acciones representan el 10 % restante para alcanzar los resultados, el camino hacia el éxito y depende de las acciones. Si no hay acciones, no existe tal decisión. Las personas que alcanzan el éxito solo invierten 5 % del tiempo en los problemas y 95 % en las soluciones a través de acciones decididas. «Una decisión real se mide por el hecho de que has tomado una nueva acción. Si no hay acción no has decidido». —Tony Robbins

Una decisión surge de cuánto estás comprometido con tus metas y objetivos. Las personas de éxito juegan el juego de la vida a ganar y no a perder; ¿alguna vez viste a alguien que logrará algo sin hacer nada?, Definitivamente que no, porque sin la acción no hay un resultado y no importa cuál sea éste, hay una acción; el resultado lo puedes cambiar al cambiar la acción, nadie nace sabiendo, pero tienes lo principal para hacerlo, *la vida*. W. H. Murray durante expedición al Himalaya dijo: «De la decisión surge todo un caudal de sucesos que provoca todo tipo de incidentes imprevistos a nuestro favor, causa encuentros casuales y trae la ayuda material que nadie habría soñado encontrar».

Entonces, ¿por qué muchas veces no actuamos? Como mencioné anteriormente, «solo conozco dos hábitos: el hábito de hacer y el hábito de no hacer», sin embargo, muchas veces llega una fuerza mucho más fuerte y que se escapa a nuestra comprensión, el miedo del cual hablaremos más adelante, para entender su procedencia y cómo podemos aplacarlo. El miedo al fracaso es la respuesta que escucho con mayor frecuencia para no llevar a cabo una acción decidida; entonces la pregunta que te hago es ¿qué significado tiene para ti el término 'fracaso'? ¿Cuál es el sentimiento que te produce este término? Entonces, ¿para qué lo usas si es solo un término, una palabra? ¿No sería mejor utilizar el término *oportunidad*, por ejemplo? Todas estas preguntas te las hago, porque quiero que te des cuenta que solo es una forma de percepción. Lo que tus llamas 'fracaso' las personas exitosas llaman *oportunidad*.

Te contaré una historia que relata el principio de acción misma. Un joven soñaba con ser un músico famoso, así que abandonó el instituto donde estudiaba y se echó a la calle. Era difícil encontrar trabajo para un estudiante sin terminar estudios siquiera y sin experiencia. No tuvo más remedio que tocar piano en los lugares más sórdidos de la ciudad para una audiencia de personas que vivían en la calle. Estaba destruido y deprimido y como estaba sin dinero dormía en lavanderías. La novia que tenía decidió dejarlo y él enfrenta la idea de suicidarse. Pero antes de llevar a cabo esta idea que cruzara por su mente, decide buscar ayuda en una clínica mental. En aquel lugar su vida cambió, no solo porque había mejorado su salud mental y emocional, sino porque vio hasta qué punto podían ir mal las cosas y comprendió que él no tenía verdaderos problemas. Se prometió que nunca más volvería a dejarse caer. Trabajaría muy duro para lograr lo que quería, convertirse en un músico de éxito. Siguió adelante y las recompensas no llegaron enseguida, pero empezó a obtenerlas. Lo cierto es que su música se conoce en todo el mundo y si tú alguna vez has escuchado canciones como «*Honesty*», «*Upton girl*», «*The river of dreams*» y «*Piano man*», entre otras muchas, sabrás que me refiero a Billy Joel. Esta referencia nos hace ver que muchas veces lo único que necesitamos es unas pocas palabras de inspiración para transformar una vida de contratiempos, en una vida de éxito y otras veces, esas mismas palabras las encuentras en ti mismo y tal vez en este momento algo que te he dicho haya calado en ti y, si no es así, seguro lo encontrarás en alguna parte de este libro, porque la acción de escribirlo fue pensando en ti que estás leyendo ahora mismo.

El más grande jugador del baloncesto, estrella de la NBA y uno de los más grandes atletas que se ha conocido, Michael Jordan, dijo: «He fallado más de 9,000 tiros libres en mi carrera. He perdido más de 300 partidos. En 26 ocasiones me confiaron el tiro ganador y fallé. He fallado una y otra y otra vez en mi vida y por eso he tenido éxito». El actor Will Smith al experimentar su primer salto en paracaídas desde un avión a 14,000 pies de altura comenta lo aterrado que estaba la noche anterior, que no había dormido pensando en lo que venía. Sus palabras luego de esta experiencia valen la pena mencionarlas: «Dios colocó las mejores cosas de la vida en el otro lado del terror. En el otro lado de tu miedo máximo están las mejores cosas de la vida».

Si estás dispuesto a hacer solo lo que es fácil, la vida será dura. Pero, si estás dispuesto a hacer lo que sea duro, la vida será fácil.

Los pensamientos y los sentimientos o emociones forman parte de tu mundo interior, los resultados forman parte de tu mundo exterior. Lo que significa que la acción es el puente entre tu mundo interior y tu mundo exterior. Se dice que uno no debe tropezar con la misma piedra, yo te digo entonces: si la piedra no es capaz de moverse, entonces muévela, tú. Nadie puede vivir la vida por ti, solo tú lo haces. La vida es el regalo más preciado que tienes y puedes crearla como gustes y cambiarla cuando no estés satisfecho, solo necesitas un 10 % para lograrlo. Lo más difícil es empezar y una vez empiezas el resto es carpintería.

<u>Tener.</u> Es muy cierto que tener es el resultado final del ciclo para obtener resultados, sin embargo, esto conlleva una responsabilidad mayor, dar. Alguna vez escuchaste el refrán que dice «Dar es tener», pues bien, así es, sino ¿qué valor tendría tener muchos conocimientos, por ejemplo, si no lo compartes?, por la misma razón que personas como Albert Einstein, Wolfgang Amadeus Mozart, Leonardo da Vinci, Martin Luther King, Nelson Mandela, Mahatma Ghandi, Muhammad Ali, la Madre Teresa de Calcuta, Juan Pablo II y otros muchos nos han dado y dejado un mensaje de optimismo y de satisfacción en nuestras vidas.

El día que morimos seguramente, todos tendremos una lápida con una fecha de nacimiento, una pequeña rayita que separa y una fecha de fallecimiento. Lo más importante en esta lápida no es ni tu fecha de nacimiento ni tu fecha de fallecimiento, lo es esa pequeña rayita que separa ambas fechas, porque simboliza la forma en que viviste tu vida y cuál es el legado que dejas a los demás.

El Tener es gratificante, porque es el reflejo de tu esfuerzo y el deber de enseñar a otros a lograr de igual forma sus metas es aún más gratificante, créelo. Tener se refiere no solo a cosas materiales, sino también a una extraordinaria relación familiar, con las demás personas, con el dinero, logros de metas profesionales y personales, es tenerlo todo, amigo mío. Céntrate en las oportunidades por encima de los obstáculos. Empieza a tratarte a ti mismo como esa persona que quieres llegar a ser. Esto implica que el éxito constituye un derecho por nacimiento y que nadie puede arrebatarte.

Hay un largo camino que recorrer en la vida y ese camino se hace al andar y, como dijo Epicteto, «Primero debes decirte a ti mismo lo que quisieras ser, luego hacer lo que tengas que hacer». Los límites de lo que quieras lograr y tener de la vida los pones tú. Terminamos este capítulo con la siguiente frase de Henry David Thoreau: «Lo que consigues al conseguir tus metas no es tan importante como en lo que te conviertes al conseguir tus metas».

CAPÍTULO III

LA VOZ INTERIOR

La voz interior me dice que siga combatiendo contra el mundo entero, aunque me encuentre solo. Me dice que no tema a este mundo, sino que avance llevando en mí nada más que el temor a Dios.
—Mahatma Gandhi

Muchas veces somos nuestro peor enemigo. No es el adversario externo el que nos derrota sino nuestras dudas, nuestra conversación interna, nuestra falta de concentración y enfoque frente a circunstancias adversas. En 1972 Timothy Gallwey escribió su extraordinario libro *El juego interior del tenis* como forma de superar estos obstáculos y de lograr un óptimo desempeño. Este libro está basado en el tenis, sin embargo, sus principios son tan sólidos que pueden aplicarse a cualquier tipo de actividad y de hecho se han utilizado como entrenamientos de motivación e inspiración. Un proverbio africano dice: «Cuando no hay ningún enemigo en tu interior, ningún enemigo externo puede hacerte daño». Cuántas veces has escuchado una voz interna que te frena, te impide hacer las cosas que piensas son correctas, que están bien y que repentinamente dice cosas como «No eres capaz de hacerlo»,

«No puedes», «Estás actuando mal», «Eres un perdedor» o «Es imposible». Entonces todos los planes se paralizan y hasta allí llega cualquier intento de hacer algo. ¿Te parece conocido lo que digo? Estoy seguro de que sí. Pues bien, coincido con Timothy en la existencia de dos *yoes* en nosotros, y que yo llamo el *yo supremo* y el yo *cautivo*. El *yo supremo* es algo inmutable y permanente que existió, existe y existirá más allá del período de una vida física y lo más importante es que nos habla desde nuestras posibilidades y convicciones del logro y el *yo cautivo,* aquel que nos advierte, nos crítica, nos juzga y muchas veces nos habla desde el miedo y la incertidumbre. Lamentablemente, esto nos debería llevar a la conclusión de que existirían muy pocas personas que tienen conciencia de su *yo supremo*, no obstante, todas poseerlo.

Si hacemos nuevamente la pregunta del capítulo i, ¿quién soy?, se pueden identificar en forma ascendente con los distintos aspectos de nuestro ser. Así tenemos que yo soy mi cuerpo físico, pero hay algo más dentro de él; por lo tanto, soy mis emociones y afectos, pero aún hay algo superior; entonces yo soy mi mente, mis ideas y pensamientos; o yo soy mi alma o espíritu. Pero siempre percibimos que debe haber algo superior desde el momento que decimos «mí»; finalmente, podemos llegar a la conclusión de que simplemente YO SOY. Este *yo supremo* no lo podemos comprender porque tratamos de llegar a él, que es ilimitado e infinito, desde nuestra mente limitada y finita. La única forma de ascender hasta ese *yo supremo* y escapar de la ilusión del *yo cautivo*, es elevando nuestro nivel de consciencia. ¿Cómo elevar nuestra consciencia? La verdad es un trabajo que demanda un esfuerzo constante durante toda nuestra vida. Todo nuestro quehacer debería estar siempre dirigido a descubrir y alcanzar nuestra esencia, el *yo supremo*.

Tal parece entonces que existe una conversación constante entre el *yo supremo* y el *yo cautivo* y es obvio que ambos no comparten la misma opinión y hasta podría decirse que discuten entre sí, pero la realidad es que mientras el *yo supremo* hace la función de concentrarse, ejecutar, avanzar y lograr; el *yo cautivo* duda y advierte desde el miedo y de percepciones negativas aprendidas. Entonces, ¿cómo puedo hacer para silenciar al *yo cautivo*? Pues bien, antes de decirte cómo hacer, debes entender que el *yo cautivo* personifica tus temores, tus dudas, tus indecisiones que han sido parte de ti como vimos en los capítulos anteriores y que no representa quién eres, sino quién aprendiste a ser. La clave es crear armonía entre ambos *yoes*, actuando y silenciando al *yo cautivo*. ¿De qué forma? Te responderé con el siguiente ejemplo: hay una escena de la película *El último samurái*, protagonizada por Tom Cruise en donde él es un soldado americano que luchó en las guerras contra los indios americanos y que luego es contratado por el Gobierno japonés para luchar en contra de los samuráis. Luego de ser capturado por los samuráis, se dedica a conocer más sobre su forma de vida e incluso a combatir como ellos; con flechas, artes marciales y katana, principal arma de todo samurái. Un día se encuentra presenciando un entrenamiento entre varios de los samuráis con catana; entonces, el capitán Nathan Algren (Tom Cruise) decide integrarse al grupo que está practicando. Le permiten hacerlo con la no tan buena suerte que le toca como oponente el mismo instructor. Tras varios intentos se da cuenta de que no puede vencer a su oponente y cada intento fallido es una frustración más que logra. Es cuando el joven Nobutada, hijo del jefe de los samuráis Katsumoto, se le acerca y le dice: «Mucha mente: mente en la espada, mente en la gente mirando, mente en el enemigo; mucha mente… no mente». Y es así como logra empatar con su adversario ante la mirada de sorpresa de todos. Simplemente silenciando su mente.

Lo anterior, de alguna forma, refleja lo que muchas veces nos sucede en la vida: alimentamos nuestro *yo cautivo* y llenamos nuestra mente de pensamientos que, aunque puedan estar relacionados con la meta, son de poca ayuda. De hecho, estos son bastante contraproducentes porque no solo nos restan energía, sino que desvían nuestra atención a otros objetos y no podemos relajarnos y concentrarnos para hacer bien nuestras acciones.

Si prácticas y aprendes a silenciar el *yo cautivo*, confiando más en la sabiduría natural de tu cuerpo y mente, en lugar de juzgar el desempeño y emitir juicios negativos que no son más que hábitos que adquirimos desde niños, tendrás mejor resultado al momento de silenciar al *yo cautivo*. Para entender mejor lo que quiero decir con el juzgar y emitir juicios, imaginemos un partido de fútbol en donde un delantero encara la portería contraria buscando anotar el gol del empate al minuto 90 de partido y el tiro le sale a unos pocos centímetros de uno de los postes de la portería, ¿cuál es la reacción del árbitro del partido? Ninguna, no lo ves gritando por el fallo y mucho menos saltando, ¿qué tal el arquero que defendía la portería? Solo mira el balón pasar pero, ¿lo ves saltando o mostrando alguna emoción? Para nada. En cambio, ¿el delantero que ha fallado el gol del empate? Tal vez se desploma en el terreno a lamentarse, sus pensamientos son de tristeza y seguidamente su fisiología se desmorona y automáticamente el *yo cautivo* empieza a hablar: «fallaste», «perdimos por tu culpa» y otras retroalimentaciones negativas que no son más que evaluaciones que hacemos con base en lo que consideramos e interpretamos como bueno y malo. Una persona con este resultado ¿puede tener su mente en blanco en ese momento?, ¿por cuánto tiempo más mantendrá el juicio negativo? Y, finalmente, ¿le aporta algo mantenerse en el juego con un juicio negativo? Definitivamente que no. Los juicios son los pensamientos en los que se afirman o se niegan algo de algo.

Probablemente, también hayas notado la diferencia entre una persona totalmente enfocada en su meta y otra concentrada en sus problemas. En el primer caso, su fisiología habla por ella, su actitud es elevada, su rostro muestra determinación, se le nota con energía, mientras que la segunda parece estar en otra onda, se le nota abatida, triste, su mirada distante, su actitud está baja, ¿lo has visto alguna vez? La diferencia entre la una y la otra es la conversación que hay en su cabeza y esto hace toda la diferencia en sus resultados. Todos atravesamos por momentos no tan favorables y que nos ponen en la posición del sujeto 2; sin embargo, la diferencia es el tiempo que decido permanecer en ese estado. Puedo tomar días así, semanas y hasta meses, pero igualmente puede tomar solo unos cuantos minutos. Al final la decisión está en cada uno. Un proverbio árabe dice: «Lo pasado ha huido, lo que esperas está ausente, pero el presente es tuyo».

Dejar de pensar puede resultar difícil. ¿Cuánto tiempo puedes resistir sin pensar? Tal vez minutos. Lo cierto es que silenciar la mente es un arte, el arte de olvidar todos aquellos hábitos mentales que aprendimos desde niños, el arte de silenciar nuestro juicio, nuestro juzgar sobre lo que es bueno o malo, lo que es correcto o incorrecto desde nuestra percepción. Lo que es cierto o no, lo que es verdad o no va condicionado a nuestra percepción de las cosas, de tal forma que podemos entonces decir que nadie es dueño de la verdad. Las cosas son lo que son y punto. La importancia y la magnitud de las cosas las agregas tú. Tener más conciencia de lo que ocurre en nuestro mundo interior y exterior nos lleva a transformar el sabotaje de nuestro diálogo interior en diálogos beneficiosos.

Algunas prácticas que pueden ayudarte a transformar el diálogo negativo a un diálogo beneficioso y productivo:

➤ Ser más consciente de cómo se desarrolla el diálogo. En cuáles momentos específicos ocurren con mayor frecuencia y cuáles son los roles que asumen los *yoes*.

➤ Al tener más conciencia de los diálogos, puedes entonces cambiar aquellas palabras que identificas que no funcionan y no son productivas; por ejemplo, los insultos, los juicios negativos. Muchas de estas palabras tal vez no son puestas por ti, tal vez alguien más las dijo.

➤ Cambiando el tono del diálogo puedes pasar de gritos y reclamos a una conversación dulce, de ánimo, en lugar de crítica.

➤ Invitar una nueva voz. Se dice que el conocimiento es poder y de esto hablaremos más adelante, pero una forma poderosa de silenciar el *yo cautivo* es invitando una nueva voz que no sea ninguno de los *yoes* conocidos. Este recurso nos da respuestas como si fuese alguien más, alguien a quien preguntamos o consultamos. Esta nueva voz debe ser alguien que admiramos por sus logros, un guía, un líder para nosotros. Quienquiera que sea y que aquí llamaré X será nuestro consultor a tiempo completo y cada vez que lo necesitemos él estará disponible. Entonces nos preguntamos: ¿qué haría X en esta situación? ¿O qué diría X sobre esto? Las respuestas que logres causan mayor confianza y seguridad en ti.

➤ Cambia la historia. A menudo nuestras conversaciones tienen que ver con eventos pasados que nos han dejado alguna marca. Cualquiera que sea la historia puedes cambiarla y escribirla como tú quieres que sea o incluso puedes contarla como si fueses tú quien narra la historia de otro. Esto te servirá para quitarle el peso que has llevado hasta ahora y librarte de cargas que no mereces seguir llevando.

Tú tienes el control, al igual que en la película *Click* de Adam Sandler: ajusta los colores, los tonos y volumen de audio; cambia la trama y pasa de una historia triste a una feliz en donde el protagonista principal eres tú.

El rol que juegan los filtros.

Nuestra realidad, nuestro mundo, nosotros mismos somos vistos a través de los filtros. Un filtro es el mecanismo que permite que ciertas cosas pasen a través de él, mientras que otras simplemente no lo hacen. Depende mucho de cuál es el material, el filtro puede alterar la información que pasa a través suyo. Para explicar mejor el tema de los filtros, usaremos los filtros solares. Los filtros solares contienen ingredientes que absorben, bloquean y dispersan los rayos ultravioleta. Estos productos han sido formulados para proporcionar diferentes grados de protección contra los rayos ultravioleta e infrarrojos. Lo ideal es elegir un filtro solar que bloquee suficientes rayos ultravioleta, para proteger su tipo de piel en forma adecuada. Sin embargo, al referirnos a nuestros filtros, hablamos de filtros mentales, emocionales, verbales y hasta perceptuales, a través de los cuales le damos un significado e importancia de todas las cosas que nos ocurren en nuestras vidas diariamente. Nuestros filtros afectan todo lo que vemos, oímos y lo que creemos. Tenemos tal confianza en nosotros mismos y en nuestra percepción de las cosas que pensamos que estamos lo más cercano a la realidad y muchas veces defendemos el hecho de tener la razón en todo o casi todo. Lo que sea que pase a través del filtro, es lo que tendemos a creer. ¿Alguna vez te ha pasado que estás en medio de una discusión o intercambio de opiniones con alguien y le dices tanto cosas positivas de la persona como cosas negativas y esta solamente se enfoca en lo negativo? Este es un ejemplo claro de la distorsión de los filtros perceptuales, los cuales tienden a ser altamente sensibles a lo negativo y detienen el paso de lo positivo. Todos somos capaces de hacerlo y de hecho a cada rato distorsionamos la realidad y más cuando nos sentimos bajo amenaza física y emocional. Tal es el caso de una persona que es amenazada con un arma de fuego: toda nuestra atención está puesta en el arma y no en los posibles escapes que puedan existir.

¿Por qué? Sencillamente porque tendemos a sintonizarnos con lo negativo, somos seres humanos programados para sobrevivir. El miedo por el arma te lleva a enfocarte en eso precisamente, que pudiera ocurrir cualquier cosa a tu alrededor y no te darías cuenta. Así de poderoso es el poder de la mente cuando se enfoca en un asunto negativo.

John Lennon dijo: «Es fácil vivir con los ojos cerrados, interpretando mal todo lo que se ve». Lo que se sabe o se conoce, se piensa, se supone, se escucha, se lee, cuando se transforma en una barrera para nuevas percepciones. Los sentimientos y las emociones cuando se desbordan nos muestran un mundo de una única forma incapaz de percibir otra forma contraria, lo cual limita. Como vives día a día es el producto de los filtros a través de los cuales ves, oyes, sientes y piensas. Los filtros son producto de tus experiencias pasadas y aún hoy siguen funcionando de la misma forma. Si estos filtros son de experiencias pasadas en las cuales tal vez fueron funcionales para ti, entonces ¿tal vez no es momento de cambiarlos? ¿Cómo se puede ver una situación actual y presente con unos filtros basados en algo que ya no existe? Es probable que sea hora de cambiar los filtros y ser consciente de que no estás respondiendo a lo que te sucede, sino a la percepción de lo que te sucede o sucedió, por lo que sería necesario comprobar esas percepciones en lugar de darlas como hechos.

La analogía de los filtros nos enseña a entender cómo las percepciones que tenemos moldean el concepto que tenemos de nosotros mismos y de nuestro mundo. Es importante entender los filtros, para poder entender la forma en que diálogo conmigo mismo. Conforme fluye la información a través de nuestros filtros, se adoptan palabras y se convierte en un diálogo interno. Es una conversación que ocurre en tiempo real en el ahora mismo sobre todo lo que ocurre en nuestras vidas. El diálogo interno es lo que te dices a ti mismo, sobre ti mismo y sobre las cosas que ocurren a tu alrededor en el preciso momento. En un estudio realizado por unos científicos, le pidieron a un grupo de voluntarios que utilizaran unas lentes que invertían la imagen, es decir, que verían todo al revés. Durante los primeros días los estudiantes tropezaban con todo, se mareaban, se caían. El cerebro simplemente rechazaba algo que sabía era falso. Después de cierto tiempo sus cerebros se acostumbraron a la distorsión y al final de una semana ya se desplazaban sin ningún problema. Entonces los científicos decidieron extender más el tiempo de dicho experimento y al término de un mes ya los voluntarios podían hasta leer y subir escaleras. Lo que este experimento nos enseña es qué tan fácil nuestro cerebro adopta una percepción falsa o negativa como algo real y normal y cómo con suficiente información sobre algo podrías convencer a cualquiera de casi cualquier cosa. A través del tiempo hemos visto cómo les han lavado el cerebro a prisioneros de guerra, a personas en cultos religiosos con finales catastróficos como la tragedia de Guyana, el mayor suicidio en masa de una secta el 18 de noviembre de 1978 donde murieron 919 personas incluyendo 300 niños o la tragedia en Waco, Texas, el 19 de abril de 1993, o las pandillas callejeras y su iniciación o la manipulación de una gran cantidad de personas con doctrinas políticas y sociales. Estos ejemplos son el resultado de cómo una percepción equivocada que comienza a parecer correcta, por lo general, brinda resultados trágicos.

Asegúrate de que si vas a lavar tu cerebro que sea con cosas positivas y de utilizarlo para el bien y no para manipular y hacer daño a otro ser humano. La mejor forma es la adopción de nuevos filtros que nos permitan ampliar nuestro mundo y el significado de este.

CAPÍTULO IV
LA FISIOLOGÍA DEL MIEDO

*El miedo es como un fuego en nuestro interior. Si lo
controlamos nos mantendrá calientes para seguir
peleando. Pero si no lo controlamos se extenderá y nos
devorará, y también a quienes amamos.*
—Rocky Balboa.

El miedo o temor es una emoción caracterizada por una intensa sensación desagradable provocada por la percepción de un peligro, real o supuesto, presente, futuro o incluso pasado. Es una emoción primaria que se deriva de la aversión natural al riesgo o la amenaza, y se manifiesta en todos los animales, lo que incluye al ser humano. La máxima expresión del miedo es el terror. Además, el miedo está relacionado con la ansiedad.

El miedo es la principal causa de la no realización de las metas y sueños. El miedo al fracaso, a la pobreza, a la soledad y al éxito mismo son algunos de los más comunes que he escuchado en los entrenamientos donde he participado. El miedo es como un árbol con muchas ramas y para superarlo habría que referirse a la raíz misma de ese árbol y no a una forma particular de miedo. Es preciso conocer qué es el miedo, qué lo causa, para lograr vencerlo. Una frase de Sun Tzu dicta:

«Si conoces al enemigo y te conoces a ti mismo, no temas al resultado de cien batallas; si te conoces a ti mismo, pero no conoces al enemigo, por cada batalla ganada perderás otra; si no conoces al enemigo ni a ti mismo, perderás cada batalla».

Fue Walter Cannon, un fisiólogo estadounidense, quien dio a conocer su redacción conocida en español como *Lucha o huida (Fight or flight)*, indicando que los animales reaccionan con una descarga general del sistema nervioso simpático, preparándolos para luchar o escapar. Posteriormente este hallazgo se considera la primera parte del Síndrome de Adaptación General de Hans Selye, teoría que describe la reacción al estrés.

Estudios han concluido que la emoción envuelve el sistema nervioso por completo. Hay dos partes del sistema nervioso, sin embargo, que controlan principalmente nuestras emociones y cómo reacciona nuestro cuerpo a éstas: el sistema límbico y el sistema nervioso automático.

Sistema límbico y el miedo.

El sistema límbico está formado por varias estructuras cerebrales que regulan las respuestas fisiológicas frente a determinados estímulos. En éste se encuentran instintos humanos tales como la memoria involuntaria, el hambre, la atención, los instintos sexuales, las emociones (placer, miedo, agresividad, ira, motivaciones, especialmente las relacionadas con la supervivencia), la personalidad y la conducta. Se encuentra situado en la parte superior del tronco y sumergida bajo la corteza cerebral.

El hipocampo.

El hipocampo consiste en dos «cuernos» que describen una curva que va desde el área del hipotálamo hasta la amígdala. Está relacionado con la transformación de lo que se encuentra en tu mente ahora (memoria a corto plazo), en lo que recordarás por un largo período de tiempo (memoria a largo plazo). También es aquel en donde se encuentra la memoria a corto, largo plazo y el aprendizaje. La información está recogida por el fórnix, que la lleva a los cuerpos mamilares. Desde aquí va al núcleo anterior del tálamo que envía la información hasta la corteza cerebral. Está formado por varias estructuras cerebrales que se activan ante estímulos emocionales.

<u>La amígdala.</u>

La amígdala consiste en dos pequeñas masas en forma de almendras de tejido a cada lado del cerebro, que regulan las respuestas emocionales, las secreciones hormonales y la memoria. La amígdala es responsable del condicionamiento del miedo o del proceso de aprendizaje asociativo mediante el cual aprendemos a temer algo. Un ejemplo de estos miedos por asociación es el de la película *Tiburón* de Steven Spielberg lanzada en 1975. Conozco muchas personas que después de cuarenta años desde su lanzamiento, al entrar al mar aún escuchan en su cabeza la música que se popularizó de esta película, sin embargo, ¿alguna vez han tenido un ataque de tiburón?. Claro que no, pero este miedo está asociado con aquella película. La amígdala también, es responsable de determinar qué recuerdos se almacenan y dónde se almacenan los recuerdos en el cerebro. Se piensa que esta determinación se basa en cómo emerge una respuesta emocional ante un acontecimiento. Tanto la amígdala como el hipocampo son estructuras del sistema límbico que desempeñan papeles importantes en la memoria.

<u>El sistema nervioso autónomo.</u>

El sistema nervioso autónomo está compuesto de dos partes cuyas funciones se oponen o cancelan mutuamente. El primero es el sistema nervioso simpático, que comienza en la médula espinal y viaja a varias partes del cuerpo. Es responsable de preparar el cuerpo para la reacción de lucha o huida producida por la conciencia y el miedo. En otras palabras, la activación simpática prepara y moviliza el cuerpo en una emergencia que amenaza el equilibrio interno del organismo. Como, por ejemplo, cuando hay un ejercicio repentino e intenso, una agresión o un cambio de temperatura, una situación que nos resulta estresante como un examen, una entrevista de trabajo, etcétera. La otra parte del sistema nervioso autónomo es llamado el sistema nervioso parasimpático. Se extiende desde el tronco encefálico hasta la médula espinal de la parte inferior de la espalda. Su función es traer el cuerpo de regreso del estado de emergencia en el que el sistema nervioso simpático lo pone.

En conclusión, podemos decir que, mientras el sistema simpático estimula actividades que se acompañan de un gasto de energía, el sistema parasimpático estimula actividades que facilitan el almacenamiento o ahorro de energía.

Antes de entrar a explicar la fisiología del miedo, es importante que también conozcas algunas hormonas que entran a formar parte de todo este ciclo:

<u>La adrenalina.</u>

Es una hormona y un neurotransmisor. Incrementa la frecuencia cardíaca, contrae los vasos sanguíneos, dilata los conductos de aire y participa en la reacción de lucha o huida. Químicamente la adrenalina es una catecolamina, una monoamina (neurotransmisores) producida solo por las glándulas suprarrenales a partir de los aminoácidos fenilalanina y tirosina.

<u>La noradrenalina o norepinefrina.</u>

Es una catecolamina con múltiples funciones fisiológicas y homeostáticas que puede actuar como hormona y como neurotransmisor. Una de las funciones más importantes de la norepinefrina es su rol como neurotransmisor. Es liberada de las neuronas simpáticas afectando el corazón. Un incremento en los niveles de norepinefrina del sistema nervioso simpático incrementa el ritmo de las contracciones. Como hormona del estrés, la norepinefrina afecta partes del cerebro tales como la amígdala cerebral, donde la atención y respuestas son controladas. Junto con la epinefrina, la norepinefrina también forma parte de la reacción de lucha o huida, incrementando directamente la frecuencia cardíaca, desencadenando la liberación de glucosa de las reservas de energía, e incrementando el flujo sanguíneo hacia el músculo esquelético. Incrementa el suministro de oxígeno al cerebro.

La fisiología del miedo.

El miedo estimula al sistema nervioso simpático, el cual es responsable por las acciones que nuestro cerebro está programando para ejecutar cuando se enfrenta a una reacción de lucha o huida. Cuando el cuerpo registra una situación que provoca miedo, se inicia una reacción química en nuestros cuerpos. La primera cosa que ocurre es la liberación casi inmediata de la hormona llamada adrenalina también conocida como la hormona de *lucha o huida*.

Recuerda una situación en la que hayas sentido pánico extremo, ¿qué hiciste?, ¿tomaste el control o te pusiste a rezar esperando que todo pasara?, ¿acaso tus piernas temblaban?, ¿tu corazón estaba acelerado?, ¿las manos te sudaban?, ¿tu respiración se agitó?. Todas esas reacciones en tu cuerpo son el resultado de la adrenalina, que ha sido liberada en el torrente sanguíneo. La adrenalina también produce una oleada de energía o excitación y que comúnmente utilizan los atletas en algunos deportes como los extremos. Casi al mismo tiempo que se libera la adrenalina, las glándulas suprarrenales también liberan otra hormona llamada norepinefrina. Esta hormona hace que te vuelvas más consciente, estés más atento y seas capaz de reaccionar ante una situación amenazante. También cambia el flujo sanguíneo de aquellas áreas que el cuerpo percibe no son necesarias tener, como la piel o algunos órganos internos como el hígado o los riñones, y pasar a otros como los pulmones o ciertos músculos que el cuerpo reconoce deben tener flujo ante una reacción de lucha o huida. Esta es la razón por la que probablemente has sentido una sensación de hormigueo en todo el cuerpo después de un evento de este tipo. Finalmente, tenemos una reacción en cadena, la cual toma pocos minutos y que resulta en la liberación de cortisol en la sangre. El cortisol regula el flujo de fluidos y la presión arterial en nuestro cuerpo.

La respuesta al miedo puede causar lo que llamamos congelamiento o inactividad no deseada y llegar a sentir debilidad física, hasta el punto que no puedes permanecer de pie o realizar tareas que has hecho muchas veces anteriormente o que olvides cosas que has aprendido y sabido desde mucho tiempo antes.

La liberación de las hormonas tiene el objetivo de prepararte para una posible acción muscular violenta, necesaria para la reacción de lucha o huida. Esto es lo que hace tu cuerpo como respuesta:

> ➤ La función pulmonar y cardiaca se aceleran para llevar el oxígeno a todos los músculos.
> ➤ Los vasos sanguíneos se contraen en muchas partes del cuerpo, por eso te pones pálido o muy colorado, o alternas entre ambos estados.
> ➤ La función estomacal y del intestino alto se inhibe, hasta el punto en que la digestión se ralentiza o incluso se detiene.
> ➤ Los esfínteres se ven afectados de forma general, causando en algunas ocasiones una pérdida de control. Además, la vejiga se relaja (empeorando el problema anterior).
> ➤ Se inhiben las glándulas lagrimales y las que producen saliva, así que se te seca la boca y rara vez lloras durante un gran susto.
> ➤ Dilatación de las pupilas, visión con efecto túnel y pérdida de audición. Por eso, en momentos en los que estás muy asustado, no ves ni oyes prácticamente nada más que lo que te asusta.

Debes considerar el hecho de que, a medida que abordas desafíos difíciles, es probable que experimentes períodos de gran estrés, ansiedad, duda y varios grados de miedo. Comprender cómo el miedo afecta al cerebro y, además, cómo tu cerebro y cuerpo reaccionan al miedo y al estrés; es esencial para adquirir y desarrollar herramientas para mejorar la fortaleza mental necesaria para anular estas reacciones naturales.

<u>Vencer el miedo.</u>

El mundo ha cambiado drásticamente, desde los tiempos en que el hombre vivía en cavernas, cazaba para alimentarse y luchaba a diario por sobrevivir; pero, a pesar de que nuestro mundo ha cambiado, los avances tecnológicos crecen a diario, las reacciones fisiológicas del cuerpo al miedo son casi las mismas que las de nuestros ancestros primitivos. No existe una píldora y, mucho menos una aplicación o *software,* que ayude a extinguir y desaparecer el miedo de nuestras vidas. Nadie es inmune al miedo. En la actualidad es la habilidad de anticipar situaciones que inician el mecanismo de enfrentar y tomar las medidas adecuadas para repeler los efectos de estas reacciones.

Hay algunos procesos automáticos que ocurren inmediatamente al tomar conciencia de un evento o situación estresante; y se producen independientemente del conocimiento previo del evento. Aquí es donde la amígdala entra y utiliza su almacenamiento de memoria y funciones de regulación de la emoción, para decidir si activa la reacción de lucha o huida como respuesta.

Primero se evalúa la situación y cómo nos afectará; luego, qué tan preparados estamos para hacer frente a la situación; y, finalmente, determinamos las oportunidades de éxito que existen en dicha situación. Todos estos procesos ocurren casi inmediatamente en fracciones de segundos. Después de que estos procesos han finalizado y nuestra evaluación ha tenido lugar, entonces ocurre la respuesta fisiológica al miedo.

Es muy importante para controlar el miedo que se tenga un claro entendimiento de que no es la situación en sí la que causa una reacción emocional, sino la interpretación o el significado que nuestra mente le da lo que provoca una cadena de eventos y reacciones que resultan cuando sentimos miedo. El miedo no puede ser eliminado por completo, pero al menos, puede ser controlado efectivamente para mejorar nuestro manejo ante situaciones de peligro. Sentir miedo no es, bajo ninguna circunstancia, una señal de cobardía. Una declaración dicta así: «El hombre que sabe que tendrá miedo se prepara y anticipa para ser un mejor soldado». La diferencia entre una persona que tiene éxito y otra que no es que la persona de éxito actúa a pesar del miedo y la segunda deja que el miedo la detenga. Una escena de la película *Batman: El caballero de la noche asciende* muestra cómo se logra un objetivo a pesar del miedo. Estando Batman dentro de un pozo, donde la única forma de salir es subiendo por las paredes, atado de una soga por la cintura evitando la muerte por si llegase a caer. Luego de varios intentos fallidos se desarrolla un diálogo entre Batman y un anciano que lleva mucho tiempo de estar allí encerrado:

ANCIANO: El salto hacia la libertad no se trata de fuerza.

BATMAN: Mi cuerpo es el que salta.

ANCIANO: Supervivencia es el espíritu, el alma.

BATMAN: Mi alma está lista para escapar con mi cuerpo.

ANCIANO: El miedo es por lo que fallas.

BATMAN: No, no tengo miedo. Estoy enojado.

ANCIANO: No temes a la muerte, crees que eso te hace fuerte. Te debilita.

BATMAN:¿Por qué?

ANCIANO: ¿Cómo moverte más rápido, pelear más de lo posible, sin el impulso más poderoso del espíritu: el miedo a la muerte?

BATMAN: ¿El miedo a la muerte? Le temo a morir aquí, mientras arde mi ciudad.

BATMAN: No hay nadie que la salve.

ANCIANO: Trepa entonces.

BATMAN: ¿Cómo?

ANCIANO: Igual que el niño, sin la cuerda. Así volverás a sentir miedo.

En este diálogo vemos cómo se transforma el miedo en una fuerza positiva y lograr así el objetivo. Actuar a pesar del miedo es lo que muchas personas de éxito y que tal vez tú conozcas alrededor del mundo hacen día a día. El miedo no es algo que solo tú has experimentado; por el contrario, todos en algún momento de nuestras vidas hemos afrontado y no importa si este sea asociado, aprendido o lo que sea, lo realmente importante es el impulso que este puede llegar a darte.

¿Cuántas veces te has sentido que estás en ese pozo del cual sientes no puedes salir? Muchas veces nos condicionamos a que algo es real sin tener existencia y otras muchas veces los miedos no son reales. Recordemos a Stephen Richards: «Cuando haces lo que más temes, entonces puedes hacer cualquier cosa». En la película Rocky III hay un dialogo entre Rocky y su esposa Adrian, en donde se pone de manifiesto el miedo al fracaso y como nuestros pensamientos nos traicionan sin ser capaces de poder ver otra realidad más la que elegimos ver.

ADRIAN: Quiero preguntarte algo importante y me gustaría que me dijeras la verdad.

ROCKY: ¿Qué?

ADRIAN: ¿Por qué estás preocupado?

ROCKY: No quiero volver a pelear.

ADRIAN: Si tú lo haces porque así tú lo quieres, yo me alegraré.

ROCKY: Ese es el motivo.

ADRIAN: Pero, es que, tú nunca has sido de los que deja algo a medias.

ROCKY: No sé qué puedo decirte. Ni sé tampoco qué ha pasado. Porque todo lo que me gustaba ahora me disgusta.

ADRIAN: ¿Qué es lo qué te disgusta?, ¿a qué te refieres?

ROCKY: Lo he estropeado todo, por no analizarme a mí mismo. Ahora me pregunto por qué Mike no me habló claro desde el principio. No debió llevarme con mentiras para hacerme creer que yo era mejor de lo que realmente soy.

ADRIAN: Él nunca mintió.

ROCKY: Aquellas peleas no eran limpias, no lo eran Adrian!! Nunca pelee con alguien que estuviera en su plenitud, todo estaba planeado para que yo siguiera conservando el título. ¿Entiendes lo qué te estoy diciendo?

ADRIAN: Lo entiendo, pero tú debes entender que él te quería y su misión era protegerte.

ROCKY: Una protección que nada beneficia, solo empeora las cosas, luego despiertas creyendo que eres alguien y resulta que no eres nada. Eres un FRACASADO, quizás no hubiera mantenido el título tanto tiempo y ¿Qué? Al menos hubiera sido algo real.

ADRIAN: Has sido algo real!!

ROCKY: Nada es real Adrian, si uno no cree en ello. Yo ya no puedo creer en mí. ¿Es qué no lo entiendes? Y un boxeador sin confianza no es nadie. Está acabado es el fin.

ADRIAN: No, no, no es el fin.

ROCKY: Es el fin!

ADRIAN: ¿Por qué no me dices la verdad?

ROCKY: Es que eso, es muy difícil para mí, ¿Quieres saber la verdad? Es que no quiero perder lo que tengo, al principio nada me importaba, salía al ring me daban una paliza y me daba igual. Pero ahora está el niño y estás tú y no quiero perder lo que tengo.

ADRIAN: ¿Y qué tenemos que sea irremplazable?, ¿Qué?, tenemos autos, una casa, tenemos dinero, menos la verdad. ¿Cuál es la verdad? Maldición!!

ROCKY: TENGO MIEDO!! ¿Está claro? ¿Quieres oírme decirlo? ¿Quieres humillarme? Pues TENGO MIEDO!! Por primera vez en mi vida tengo miedo.

ADRIAN: Yo también tengo miedo y no hay nada de malo en tener miedo.

ROCKY: Sí lo hay, para mí, sí.

ADRIAN: ¿Por qué? Eres un ser humano ¿no?

ROCKY: No lo sé, solo sé que soy un mentiroso y que ya Mike no está aquí.

ADRIAN: Tú no lo empujaste a que hiciera nada, simplemente hizo lo que creía que debía hacer. Y no tienes derecho a sentirte culpable de lo que pasó. No lo tienes. Tú eres campeón e hiciste lo que se esperaba de ti. Lo que yo y todos los demás creíamos debías hacer. Y ahora quieres hacerme creer que todas aquellas peleas no eran limpias, pues no lo creo, pero poco importa lo que yo crea, porque eres tú el que lleva metido dentro de ti ese miedo. Miedo a perder los que tienes, a que te lo quiten, a que te recuerden como un cobarde, a que se ponga en duda tu hombría, pero importa poco, importa poco que yo te lo diga, porque es algo que solo tú puedes resolver. Porque cuando la niebla se haya disipado y todos coreen tu nombre, volveremos a ser los de antes, y tú no puedes vivir así, no podemos vivir así. Porque eso te mortificara toda la vida. Mira cómo estás ahora. Apollo cree que puedes hacerlo y yo también, pero tiene que ser porque estás convencido y no pensando en Mike. No ha de ser por la gente, ni por el título, ni por dinero, ni por mí, sino por ti, ha de ser solo por ti.

ROCKY: Y ¿si pierdo?

ADRIAN: Pues pierdes, pero al menos perderás sin escusas, sin miedos. Así sí que podrás vivir.

El mito del fracaso nos lleva a imaginar cosas que tal vez nunca ocurran, creando pensamientos y diálogos negativos sobre uno mismo. Sin embargo, al enfrentarse con su peor escenario posible, puede llevarnos a darnos cuenta que lo que podemos perder no es tanto como imaginamos y que hay mucho más para ganar.

CAPÍTULO V

EL MITO DEL FRACASO

El fracaso es el condimento que le da al éxito su sabor.
—Truman Capote.

Uno de los miedos más comunes es el miedo al fracaso, sin embargo, como dice Wayne Dyer, «el fracaso es una ilusión». Lo cierto es que desde niños nos han enseñado que el simple hecho de mencionar la palabra '*fracaso*' produce una serie de reacciones propias del miedo como enunciamos en el capítulo anterior. En el colegio nos califican con una puntuación de acuerdo a una escala cuantitativa y cualquier cosa por debajo de esa escala aceptable, entonces el promedio es fracaso. Si no logras empujar la carrera de la victoria en el béisbol, entonces fracasaste. Y así como estos ejemplos podemos enunciar muchos más y llenar este capítulo de ejemplos, pero lo cierto es que nadie fracasa en nada. Todo lo que uno hace produce un resultado y tal aseveración nos trae como conclusión que el fracaso es una mera ilusión, un concepto creado para separar lo bueno de lo malo, lo aceptable de lo que no lo es. En otras palabras, una simple valoración.

Son muchos los casos de personas que en su vida repitieron de año escolar alguna vez, o tuvieron un promedio universitario bajo o fallaron muchas veces y tuvieron éxitos más adelante; entonces, ¿son realmente fracasados?. Lo realmente importante es lo que tú haces con el resultado que obtienes. El fracaso forma parte de nuestro abanico de miedos. Por lo tanto, produce una reacción fisiológica negativa, ya que produce frustración, estrés y en muchos casos lleva a la depresión.

Para la PNL o programación neurolingüística todos los resultados y comportamientos en general son logros, ya sea que formen parte de los resultados deseados o no. Es decir, cuando la información que recibimos «nos dice» que no hemos obtenido el resultado deseado, más que considerarla como un fracaso, podemos considerarla como un logro porque, cada vez que fallas en algo, te acerca más al logro. Por esta misma razón, los japoneses creen en las oportunidades más que en el fracaso. La PNL se basa en unas presuposiciones. Se llaman así porque se «presupone, admite» que son ciertas y en estas se basan las actuaciones que se llevan a cabo. No es que sea un dogma o algo inamovible, es simplemente que se aceptan como si fuesen ciertas y actuamos en consecuencia para conseguir nuestro desarrollo personal y para relacionarnos con los demás. Si actuamos «como si» esta presuposición fuera cierta, podríamos llegar a unas conclusiones distintas a las que llegaríamos si pensamos de otra forma. Por ejemplo, cuando algo no sale como habíamos planeado, podemos pensar que hemos fracasado o que han salido las cosas mal.

Pues bien, para la PNL lo que haya sucedido no es ni bueno ni malo, es información que debemos usar, que debemos procesar y tener en cuenta para próximas planificaciones.

Con este concepto de la PNL aprendemos a descubrir qué cosa no funciona para alcanzar nuestro objetivo y a partir de esa información, podemos hacer otra cosa distinta para llegar allí. Steve Jobs no solo era un gran emprendedor debido a sus grandes inventos, sino también por haberse recuperado de un fracaso insuperable. Jobs encontró el éxito cuando Apple se convirtió en un imperio masivo, pero la junta directiva decidió despedirlo. Sin dejarse intimidar por el fracaso, fundó una nueva empresa, NeXT, la cual eventualmente fue adquirida por Apple. Una vez que regresó a Apple, renovó la imagen de la empresa y la hizo crecer.

Antes de que George Steinbrenner fuera reconocido por ser dueño de los Yankees de Nueva York, era dueño de un pequeño equipo de baloncesto, los Cleveland Pipers, en 1960. En 1962, como resultado de las decisiones de Steinbrenner, toda la franquicia se fue a la quiebra. La historia de fracaso parecía seguir a Steinbrenner cuando se hizo cargo de los Yankees en los 70 mientras que el equipo luchó con una serie de obstáculos y pérdidas en los 80 y 90. Sin embargo, a pesar del miedo del público y la crítica de las decisiones controvertidas de Steinbrenner, eventualmente consiguió seis victorias en la Serie Mundial entre 1996 y 2003 y el récord como uno de los equipos más rentables de la Ligas Mayores de béisbol.

Lo anterior refuerza el criterio de que el fracaso es un buen maestro, nos enseña a ver nuestros errores y ser mejores cada día. Sin embargo, el impacto que tiene la palabra cuando la utilizas en otra persona y le dices «eres un fracasado» es devastador. Hoy día se habla mucho del término *bullying*, que no es más que una forma de acoso físico o psicológico a la que se somete constantemente a una persona. Para quien recibe este tipo de acoso es parecido a que todos los días de su vida le digan «*fracasado*». Ahora, ¿puedes imaginar lo que se siente este tipo de actos?, ¿puedes entender el peso que aprendimos a darle a esta palabra?. Muy pesada ¿cierto? Lo que también es cierto es que la sola palabra no te quitará lo más preciado que tienes, la vida. Entonces, ¿para qué darle el poder negativo a una palabra que solo nos estorba para ser mejores?. La mejor forma de restarle poder a una palabra es cambiarla por otra o simplemente entrando a nuestra programación mental y cambiar la asociación que tenemos de ella. Recuerda que eres el *hardware* y no el *software*, de tal forma que puedes reprogramar cualquier cosa que desees, cuando lo desees. Seguramente esta será una de las primeras cosas que reprogramaras, por lo que significa para ti el término y no por lo que realmente es, nada.

El poeta Rudyard Kipling decía: «Si puedes afrontar el triunfo y el desastre, y tratar exactamente igual a esos dos impostores, tuya será la tierra y todo lo que hay en ella». Y Wayne Dyer al inicio de este capítulo: «El fracaso es una ilusión». La palabra clave en la idea de Rudyard Kipling es «impostores», porque solo existen en nuestras mentes, no son reales. Solo existen resultados. Es precisamente esta diferencia que se crea mentalmente cuando adoptamos el término *'oportunidades'* muy común en Japón y *'fracasos'* utilizado más en Occidente lo que marca la pequeña gran diferencia. Mientras que fracaso puede ser definido como el resultado adverso de algo que se esperaba sucediese bien; *oportunidad* es el momento propicio para algo. Dos palabras con significado distintos, sin embargo, utilizadas para un mismo evento específico.

El creador de la filosofía de calidad total, el doctor Edward Deming al inicio de su carrera se dedicó a trabajar sobre el control estadístico de la calidad, pero la entrada de los Estados Unidos a la Segunda Guerra Mundial y la demanda excesiva de productos por parte de los aliados, provocó que las empresas americanas se orientaran a la producción en masa satisfaciendo dicha demanda, en un mercado muy estandarizado y muy cerrado, dejando de lado las ideas de Shewart, Deming y otros precursores. En 1950 Deming viaja a Japón y lleva el concepto de la calidad total. Las autoridades japonesas vieron en los trabajos de este estudioso el motor de arranque de la catastrófica situación en la que había quedado el país tras su derrota militar. Japón asumió y desarrolló los planteamientos de Deming y los convirtió en el eje de su estrategia de desarrollo nacional. La sorpresa se da cuando surge el cuestionamiento de por qué había funcionado la filosofía de calidad total en Japón y no en

Estados Unidos. En resumen, se debe a la diferencia de mentalidades. Algunas explicaciones dadas al respecto giran en función de situaciones sociológicas, espirituales y culturales. A los japoneses les funciona el concepto de la calidad, también porque ellos depositan una confianza mutua y es posible cultivar esa confianza. El doctor Kaoru Ishikawa, pionero de la filosofía de calidad total en Japón, se refiere a que el éxito que tuvo Japón adoptando esta filosofía y contrario a los padres originales Estados Unidos es que muchos de los ingenieros y gerentes tratan a los obreros como objetos desechables e intercambiables, esto desde luego los deshumaniza a ellos y a sus superiores, crea descontento y conflictos laborales. Los japoneses, sobre todo, el doctor Ishikawa hablan del respeto de la humanidad y de tratar a cada empleado como una persona digna e integral.

Lo que para unos es un fracaso, para otros es una oportunidad y la diferencia sencillamente radica en el concepto mental. De la misma forma que para algunos es mucho, para otros es poco, puedes ver el vaso medio vacío o lo puedes ver medio lleno. ¿En qué estás enfocando la atención? ¿En lo que puedes lograr o lo que puedes perder? Cada pensamiento que tenemos puede ser una inversión o un costo, dicho desde un punto de vista financiero. Nada tiene significado excepto el que le damos nosotros mismos.

LEGEND

CAPÍTULO VI
LA MOTIVACIÓN

*La perfección no es alcanzable, pero si perseguimos
la perfección podemos conseguir la excelencia.*
—Vince Lombardi

El deporte que me apasiona y que amo más que a cualquier otro es el fútbol americano. He sido un gran fanático desde niño de los Cowboys de Dallas y creo firmemente que la liga mejor estructurada en los Estados Unidos es la NFL.

A principio de cada año se juega el evento deportivo más visto en todo el mundo, el Super Bowl o Supertazón. Y es precisamente para determinar al ganador del trofeo llamado Vince Lombardi. Pero, ¿quién fue Vince Lombardi? ¿O cuál fue el legado que nos dejó Vince Lombardi? Vince Lombardi nació en 1913 en New York. Sus padres eran unos inmigrantes italianos que querían que Vince fuera sacerdote, sin embargo, ese no era el camino que Lombardi tomaría. Ingresó a la universidad de Fordham en su natal New York. Entró en el equipo de fútbol americano de su universidad, en la posición de guardia en la línea ofensiva. En 1954 es contratado por los New York Giants como asistente del *coach* Jim Lee Howell. Vince se especializó en el ataque y pasó poco tiempo hasta que fue nombrado coordinador ofensivo. El 1959 los Packers de Green Bay lo contratan con entrenador. Su estilo de liderazgo, la disciplina que imponía en cada entrenamiento y su fuerza de motivación lograron un tricampeonato de la NFL en 1965-1966 y 1967, dos con la nueva versión de Super Bowl. Lombardi trascendió en mucho de los deportes. Sus enseñanzas fueron inspiración para muchas personas. Fue tal el éxito obtenido, que se sumaba a su muy sólida formación intelectual, que Lombardi fue llamado en reiteradas oportunidades como consultor y consejero en algunas de las más importantes empresas internacionales. Realizó diversos filmes de motivación, pero sin duda el que más ha marcado es *El segundo esfuerzo*, dirigido por Ray Sheridan. La carrera de Lombardi iba en un ascenso increíble, sin embargo, la vida le tendría otros planes. Aquejado por un cáncer intestinal fulminante que invadió gran parte de su cuerpo y sobre todo el colon, el hígado y los ganglios linfáticos; murió el 3 de septiembre de 1970, a la edad de 57 años. Un líder con una personalidad imponente y estricta, inspirador por naturaleza cuyo legado aún permanece marcado en la memoria de los que lo conocieron y aun los que hoy día aprendemos a conocerlo.

Probablemente, Lombardi fue uno de los mejores motivadores de todos los tiempos. Una vez en una entrevista sobre sus logros dijo lo siguiente: «Entrenadores que explican las jugadas en la pizarra los hay a cientos. Los entrenadores que ganan partidos son los que se meten en la mente de los jugadores y los motivan». Uno de los puntos fundamentales de la filosofía de Lombardi estriba en lo que él llamó «el segundo esfuerzo», es decir, tener el convencimiento y llevarlo a la práctica en todo momento de no darse por vencido e intentar nuevamente, buscando dentro de cada uno esa fuerza interna que lleve al logro del objetivo buscado. Siempre repetía a sus jugadores: «El juego lo gana el que controla el balón». Una frase sencilla, pero llena de sabiduría y es que para Lombardi controlar el balón era mucho más que tener el balón, era ser el protagonista, el generador, el dueño de los resultados. A continuación les obsequio algunas de sus célebres frases inspiradoras:

«Ganar no es algo que suceda a veces, es algo que debe ser siempre». ¿Qué sentido tiene despertar algunos días con la mentalidad que tendrás éxito? Levantarte cada mañana con la misma pasión por la vida y darle el 100 % al nuevo día es lo que cuenta. Prepararte para luchar cada minuto de tu tiempo, dejar tu mejor esfuerzo en lo que hagas, con la frente en alto, sabiendo que, al regresar a casa, has saldado tu cuota diaria.

«Tú no ganas a veces, tú no haces las cosas bien a veces, tú lo debes hacer bien siempre».

Poner empeño en todo lo que hagas. Estar completamente seguro que estás dando todo tu potencial. Si no estás convencido de haberlo dado todo, entonces empieza nuevamente. No existe la mediocridad, solo existe la excelencia y tú eres excelencia. No te conformes con lo poco, lucha por lo mucho y que nunca será suficiente, porque siempre hay más.

«No hay espacio para el segundo lugar. Solo hay un lugar en mi juego y ese es el primero».

Rinde al máximo en lo que hagas siempre. En tu trabajo, tu familia, amigos. El ganador siempre se lleva la gloria de sus logros, nadie recuerda los segundos y terceros lugares. Enfócate en el oro, no en la plata o el bronce, ya muchas monedas has visto.

«Si no piensas que eres un ganador, no eres de aquí».

En tu mente solo hay espacio para cosas grandes. No pierdas las batallas mentales con enemigos que no existen. La única sombra que debes ver es la tuya y esta se queda atrás cuando el sol te brilla de frente. Logra lo que te propongas y nunca permitas que alguien te quite ese derecho.

«La dureza mental es esencial para el éxito».

Tu mente es un escudo impenetrable, donde solo entra lo que tú quieres que entre. Fortalece tu mente aprendiendo cada vez más. Busca siempre lo positivo, lo negativo es para el resto y tú no eres el resto.

«La verdadera gloria está en caer de rodillas y levantarse. Esa es la verdadera gloria, su esencia»

No importa cuántas veces caigas, siempre levántate y sigue dando lo mejor de ti. Los fracasos nos acercan más a lo deseado. Si llegas a caer, permite que el gran amor que llevas dentro prevalezca por encima del miedo. Siempre da la mano para que alguien más se levante.

«Es fácil tener fe en ti mismo y tener disciplina cuando eres un ganador, cuando eres el número uno. Lo que tienes que tener es fe y disciplina cuando no eres un ganador».

Usa siempre tu fuerza interior para mantenerte enfocado en lo que hagas. Recuerda que las victorias se logran mucho antes de ser luchadas. No hay día de descanso si realmente quieres vivir a plenitud. La mayor fuerza que puedas tener no se ve, es la fe.

«Los ganadores nunca se rinden y los que abandonan nunca ganan»

Nunca suenes la campana de la derrota sin haber entregado todo de ti. No te rindas, no renuncies; si la derrota es inevitable, entonces asúmela con orgullo y aprende de esta. La siguiente vez no pasará.

«El fútbol es como la vida; requiere perseverancia, autocontrol, trabajo duro, sacrificio, dedicación y respeto por la autoridad».

Nada es fácil. Sin embargo, todo es realizable y posible. Pisa firme, estrecha la mano con seguridad y dedícate un momento del día a ti para meditar. Siempre preparado para lo que vendrá. Espera lo inesperado y nunca serás sorprendido. Sé justo y haz valer la justicia por las cosas.

«La perfección no es alcanzable pero, si la buscamos, podemos lograr la excelencia».

Solo Dios es perfecto. Sé excelente en todo lo que hagas. No seas crítico ni juzgues a nadie y mucho menos a ti mismo. Siempre hay una forma de hacer mejor las cosas, debes creerlo. No hay un solo camino para llegar donde quieres ir, siempre hay otros más.

«Ganar no es lo más importante, es lo único».

No empieces nada que no vayas a terminar. Para eso se hicieron los retos, para ganarlos. No vivas con la duda del «qué hubiese pasado si». Gánale a la vida en su campo, viviéndola y disfrutando cada logro que tengas.

Vince Lombardi, su fuerza, su pasión y su incuestionable autoridad, el hombre que supo reflexionar sabiamente sobre lo que acontece antes y luego de un resultado. El hombre que dejó muchas enseñanzas como esta: «Después de que las aclamaciones han amainado y el estadio está vacío, después de que los titulares han sido escritos y después que estás de regreso en la tranquilidad de tu habitación, el anillo de campeonato ha sido puesto sobre el tocador y toda la pompa y fanfarria se han desteñido, las cosas perdurables y valiosas son la dedicación para la excelencia, la dedicación para la victoria y la dedicación para hacer el mayor esfuerzo que nosotros podamos hacer con nuestras vidas, para lograr del mundo un mejor lugar para vivir».

La motivación es un estado interno que activa y dirige y la energía de una persona hacia sus metas u objetivos. Es un proceso que atraviesa por varias fases, iniciando con el compromiso de abandonar un estado actual negativo o simplemente la persona decide ponerse en marcha con lo que sea que quiera hacer, luego se activan las acciones para obtener el logro. En este punto podría haber cosas que funcionan y otras que no, las cuales serán evaluadas, mejoradas o eliminadas. Esta fase se conoce como fase de retroalimentación.

Finalmente entra en la tercera y última fase que es disfrutar el resultado obtenido. La fuente de motivación varía entre personas, no siempre las mismas cosas motivan a todas las personas. Es por esto que es importante calibrar cuáles son las maneras más efectivas para lograr la motivación personal. Frases motivadoras, audios, clips fílmicos o una combinación de todas las anteriores.

La motivación está en continuo movimiento en donde hoy puedes estar en un estado óptimo de energía y mañana no, porque simplemente hay personas que les cuesta mayor esfuerzo para mantenerse motivados que a otros. He aquí algunos secretos que te ayudaran a mantener los niveles de motivación:

<u>Desarrolla un buen plan de acción.</u>

Fragmenta esa gran meta en pequeñas sub metas que produzcan satisfacciones inmediatas una vez vayas alcanzando sus logros. Esto facilitará tu enfoque en lo próximo y no en lo final. La idea es simple, los pequeños triunfos son la respuesta a grandes problemas.

<u>Mantener tu energía física y mental.</u>

Utilizarlas específicamente en las cosas que te acercan a tu meta y no mal gastarlas en aquellas cosas que te distraen y alejan de tu meta. Haz un listado de aquellas cosas no relacionadas con tu meta y que realizas durante el día, asigna el tiempo que le dedicas a cada una y verás que podrás encontrar tiempo productivo para utilizar.

<u>Nunca perder de vista el objetivo.</u>

Los inconvenientes son parte del proceso y deben ser tomados con sabiduría. Al decidir aceptar y tomar el reto sabías que estos momentos podrían estar presentes y son parte de la dulce victoria al final. Aun cuando haya días y momentos difíciles, debes tomar un momento para el reenfoque y para ello debes alinearte con el objetivo vibrando positivamente. Siempre habrá momentos en que puedes pensar que es una pérdida de tiempo y deseos de soltar todo, es normal que esto ocurra, solo debes encontrar esa fuerza que te impulsa para seguir.

No quejarse.

Este es tal vez un compromiso que debes tomar al inicio y antes de empezar todo el proceso. Es aquí donde muchos fallan, por la falta de paciencia y control emocional. Recuerda que este punto es más un compromiso de mucha importancia. Hace falta una sola palabra negativa que active el auto sabotaje. Es tan fácil dejar entrar un pensamiento negativo o una chispa de frustración y a veces cuesta mucho más trabajo retomar el camino de vuelta. Piensa antes de hablar algo negativo, esto puede retrasar lo que tanto ha costado lograr.

Actúa a pesar de cualquier cosa.

Habrá momentos en que no sientes ganas o sencillamente hay tareas que no son de tu agrado. No hace falta si te gustan o no las cosas, hay que hacerlas. Tus gustos o disgustos no importan. El compromiso real hace la diferencia. Si no cumples sencillamente, no estás lo suficiente comprometido con tu meta. Las excusas estarán siempre presentes a tu alcance para decidir abandonar.

Rodéate de gente positiva y optimista.

Recuerda que todo se contagia, el optimismo y también el pesimismo. Las personas positivas crearán circunstancias positivas a tu alrededor y te empujarán a cumplir tus metas. Te causarán un sentido de tranquilidad y esto es justo lo necesario para que las ideas fluyan y el enfoque crezca.

Disfrútalo.

Diviértete en todo el proceso y durante toda la travesía. Una vez termines buscarás la ilusión de otra meta y así sucesivamente en adelante.

CAPÍTULO VII

EL ÉXITO DE LOS NAVY SEALS

El único día fácil fue ayer.
—Navy SEALs

Los Navy Seals son el grupo militar mejor entrenado en todo el mundo. Son la élite de las Fuerzas Armadas de los Estados Unidos y, de igual forma, mantienen el entrenamiento más difícil que pueda tener un grupo militar en el planeta. Sus siglas en inglés, SEAL, significan «*sea, air and land*» («*mar, aire y tierra*»). Vieron la luz en 1962 como consecuencia del fracaso estadounidense, un año antes, en el desembarco en bahía de Cochinos (Cuba). El presidente John F. Kennedy, él mismo un oficial de la Marina en la Segunda Guerra Mundial, consideró imprescindible crear una fuerza de infantería que partiese del medio acuático y desde él se infiltrara. A imagen y semejanza de los SAS británicos, y tomando como base los propios equipos estadounidenses de demolición submarina, la US Navy, creó los SEALs. Desde entonces, son conocidos por innumerables operaciones secretas realizadas en diferentes partes del mundo: Granada en 1983, Panamá en 1989-1990, golfo Pérsico en 1987-1990, operación Tormenta del Desierto en 1990-1991, Somalia, Bosnia, Afganistán e Irak entre otras.

El camino para convertirse en un Navy SEAL es largo y difícil. Una vez eres aprobado para participar, luego de haber enfrentado pruebas de aptitudes y físicas, entonces estás preparado para iniciar lo que viene. El programa llamado BUD/S (Basic Underwater Demolition/SEAL) o Programa Básico de Demolición Submarina, el cual consta de varias fases, debe ser superado con éxito.

Está claro que no somos militares para pensar que debemos hacer lo mismo que hace una persona que sí está entrenada para esto. Sin embargo, lo que ha aprendido, este grupo a lo largo de 30 años, es hacerle frente a las adversidades y que las mismas empiezan por la mente y luego físicamente. No basta con ser bueno en algo y no tanto en otras cosas, aquí debes ser bueno en todo lo que haces. Cuando un SEAL se enfrenta a un problema, no busca grandes soluciones como piensa la mayoría de las personas, sino que intenta salir del problema poco a poco. Antes de formar parte de los aspirantes a convertirse en un Navy SEAL, primero debes pasar por algunas pruebas como ASVAB (Armed Services Vocational Aptitude Battery) o Examen de Aptitudes Vocacionales para las Fuerzas Armadas, AFQT (Armed Forces Qualification Test) o Examen de Calificación de las Fuerzas Armadas y la C-SORT (Computerized Special Operations Resiliency Test) o Prueba de Resistencia Computarizada de Operaciones Especiales y el PST (Physicall Screening Test) o Test Físico Seal. Las pruebas ASVAB y AFQT se utilizan para evaluar las capacidades mentales del candidato y su capacidad de aprendizaje. La prueba C-SORT, se utiliza para evaluar la madurez y resistencia mental. Entre las sub pruebas que componen la prueba ASVAB están las siguientes:

- ➢ Comprensión escrita.
- ➢ Razonamiento aritmético.
- ➢ Comprensión mecánica.
- ➢ Información de adquisiciones.
- ➢ Conceptos sobre vehículos motorizados.

> ➤ Conceptos electrónicos.
> ➤ Conocimientos matemáticos.
> ➤ Conocimientos generales de ciencia.
> ➤ Comprensión lectora de párrafos.
> ➤ Comprensión espacial.
> ➤ Expresión verbal.
> ➤ Velocidad de codificación.

Las pruebas físicas no son menos exigentes, sin embargo desde este filtro inicial de ser considerado como aspirante, ya se empieza a dar mayor énfasis a la fortaleza mental sobre la física. Para esta parte de la admisión debes lograr, como mínimo, nadar 500 yardas unos 457 metros en 12:30 minutos o 9:00 como óptimo, hacer 50 push-ups o 90 como óptimo, 50 curl-ups o 85 como óptimo, 10 pull-ups o 18 como óptimo y correr 1.5 milla en 10:30 minutos o 9:30 minutos como óptimo. Todas estas exigencias para ser considerados como candidatos termina con la selección de apenas el 50% de todos los aspirantes y el resto debe esperar, al menos, un año más para poder participar nuevamente. Si vemos entonces cuál es el principio de reclutamiento de los Navy SEALs observamos que no es ocupar y, mucho menos, cubrir vacantes, sino asegurarse de tener, por un lado, a los mejores candidatos y luego invertir en ellos para convertirlos en el resultado final, un Navy Seal. Entonces, ¿cuál es la razón principal para esta forma estricta de reclutar?, sencillamente, invertir bien los recursos financieros y enfocar el tiempo en futuros diamantes en bruto.

Te has preguntado alguna vez, ¿cómo o de dónde nacen los diamantes? Pues bien, las rocas que existen en la superficie de la tierra formadas por carbono son empujadas hacia las profundidades debido a cambios de temperatura. En un momento estás rocas se derriten y liberan moléculas de carbono que posteriormente toman una nueva forma de roca al disminuir la temperatura. Si las condiciones de presión son las adecuadas, estos átomos de carbono se enlazan de una forma concreta y así se forma la estructura de lo que será y conocemos como diamante. Un proceso natural interesante si tomamos en cuenta el valor final de un diamante.

De esta misma forma ha utilizado los Navy SEALs su proceso de selección y reclutamiento. No es difícil imaginar el resultado final cuando te aseguras de tener un proceso excepcional y que puesto a prueba, puede ser fácilmente ajustado de acuerdo a las necesidades.

Una vez has sido seleccionado previamente, ya estás listo para optar a convertirte en un Navy SEAL y empieza un entrenamiento de aproximadamente seis meses en donde se pondrá a prueba tu cuerpo, mente y espíritu y que, definitivamente, no es nada grato y mucho menos cómodo. Entonces, ¿Por qué convertirte en un Navy Seal si sabes lo difícil que es?, dicho por sus propios miembros, «tienes la oportunidad de hacer muchos trabajos y es que aprendes a planear misiones, reunir datos de inteligencia, organizar las comunicaciones, realizar reconocimientos, entre muchas misiones más». En otras palabras, no es difícil darse cuenta que una vez te retiras de tu carrera de Navy SEAL te conviertes en un profesional formado para desarrollar cualquier cosa que te propongas, con un éxito casi garantizado y en donde muchos otros fallarían.

Te invito a conocer cómo funciona el programa de entrenamiento de los Navy SEALs y adoptar de ellos las técnicas que han desarrollado, para alcanzar el éxito y que cualquier persona común como tú, que lees este libro y yo podemos adoptar y ajustar a nuestra vida.

Fase 1: Guerra especial naval.

Es la fase inicial del programa, en donde se hace énfasis completamente en las condiciones físicas y prepara a los aspirantes para completar los estándares exigidos para el programa BUD/S. Las exigencias físicas se empiezan a complicar cuando empieza a darse un ataque psicológico tan fuerte, que hace cuestionar la determinación inicial con la que cuenta cada candidato. En realidad, el condicionamiento físico se ve afectado cuando se empieza a vulnerar sus mentes.

Fase 2: Curso de orientación.

En esta fase empiezan a familiarizarse con el programa BUD/S. El trabajo físico sigue siendo la principal prioridad con una mayor intensidad. También se les capacita sobre las formas de lograr aprobar el programa. Continúa el trabajo psicológico, pero con una mayor intensidad.

Fase 3: BUD/S. Condiciones básicas.

Se empiezan a descartar aquellos aspirantes con ausencia de habilidades físicas, necesarias para completar con éxito el programa. Todo en esta fase está diseñado para presionar al máximo sus limitaciones físicas y mentales. La fase 3 tiene el más alto índice de deserción. El 75 % de los aspirantes que inician el programa se retiran en esta fase. La cuarta semana de esta fase es conocida como «la semana infernal», la cual es de cinco días y medio de constantes trabajos físicos exhaustivos de 24 horas diarias sin parar. Es común oír el sonido de la campana replicar tres veces, indicando que un aspirante ha abandonado y se retira.

Fase 4: Combate de buceo.

En esta fase, los aspirantes que pasan «la semana infernal» demuestran tener un alto nivel de confort dentro del agua y habilidad de desarrollo, bajo estrés y situaciones incómodas. La mayoría del tiempo en esta fase los aspirantes están en el agua. En todo momento son evaluadas sus competencias y confianza, atributos necesarios.

Fase 5: Entrenamiento de guerra terrestre.

Los aspirantes son entrenados en el uso de armas cortas y otra variedad de armas, explosivos, navegación terrestre, patrullaje, escalar, puntería, etcétera.

Fase 6: Entrenamiento de calificación.

Una vez completan el programa BUD/S, empiezan un curso llamado «entrenamiento de calificación SEAL». Si son competentes en habilidades individuales y de equipo. En esencia, este curso es más bien el final del colegio.

«La semana infernal» es tal vez la más importante y fundamental en todo el programa BUD/S. El principal propósito es evaluar qué aspirantes carecen de compromiso o de fortaleza mental para soportar dolor, incomodidad, agotamiento y estrés. Los conduce a una constante batalla mental con ellos mismos, al punto de llevarlos a cuestionarse qué tanto se desea ser un Navy SEAL realmente. «Es un proceso despiadado. Por cada hombre que tenga éxito, fracasarán cuatro. Se presta para hombres con carácter, espíritu y un ardiente deseo de ganar a toda costa», ha dicho el ex–SEAL Dick Couch en su libro *The Warrior Elite*. Todo Navy SEAL aprende a vivir y a sentir sus valores fundamentales y profundos. Los valores dan sentido a nuestras vidas. No se trata de algo abstracto o irreal, al contrario es un bien estimado por las personas y que habla por cada uno de nosotros mismos. ¿Cómo puedo mantener mis valores presentes?, a través de los hábitos que muestran la intención permanente de alcanzar un bien determinado y que llamamos virtudes. Alguien dijo alguna vez que «la virtud es la encarnación operativa del valor».

Detrás de cada acción hay un valor que mueve la ejecución y la puesta en marcha de un deseo regido por los principios. ¿Qué son entonces los principios?, los principios son el conjunto de valores, creencias, normas que orientan y regulan la vida del ser humano. Estos principios son reales al momento que empiezas a vivirlos y sentirlos como parte del ser. Entre más exigente es el principio de igual forma estás fortaleciendo el ser.

➤ Cumplir la misión es todo lo que importa.
➤ En la guerra no hay trofeos para segundos lugares.

> ➤ Todo lo que necesitas que suceda debe hacerse para que suceda.
> ➤ La suerte es buena, pero la preparación es mejor.
> ➤ Nunca dar excusas.
> ➤ Nunca avergonzar a la hermandad SEAL.

Unidos de por vida como una unidad, hermandad o una familia los Navy SEALs se enorgullecen de formar parte de ella. Es precisamente el tridente que aparece en su logotipo lo que recuerda quiénes son y qué representan ser. Este tridente es de gran importancia para un SEAL, desde el momento en que son unos aspirantes y por siempre en adelante. Desde el momento que inician, se les enseña que el tridente se gana día a día y su juramento dice así: «Usando el tridente acepto la responsabilidad de la profesión y modo de vida que elegí. Es un privilegio que debo ganar todos los días».

El proceso es continúo para un Navy SEAL. Los hombres que desean convertirse en SEAL tienen una sed innata por ganar. Los estudios han demostrado que los niveles de adrenalina, endorfina y otras sustancias de excitabilidad producida por el cuerpo humano de los Navy SEALs son comparados con aquellos niveles elevados que se obtienen en situaciones extremas. «Queremos estar en situaciones de máxima presión, máxima intensidad y peligro máximo. Cuando se comparte con otros, proporciona un vínculo que es más fuerte que cualquier vínculo que pueda existir». —Oficial del equipo SEAL 6.

Cualidades de éxito de los Navy SEALs.

Los Navy SEALs son un grupo altamente competitivo con niveles elevados de testosterona que se deleitan probándose a sí mismos contra cualquier desafío. «No importa dónde sea tu batalla, hay que dominarla a través del trabajo duro, inteligencia, preparación consistente, confianza y acciones enfocadas» y así, como estas palabras, podemos enunciar muchas otras cualidades de este grupo que ha demostrado tener éxito donde muchos fracasarían.

El éxito proviene de la fortaleza mental que mantiene este grupo y lo caracteriza por encima de cualquier otro grupo de personas en el mundo. Esa fuerza interna que reside en algún lugar en lo más profundo de nuestras mentes, que se hace cargo cuando las partes conscientes y racionales de nuestro cerebro deciden que ya hemos tenido suficiente y es tiempo de soltarla, es lo que llamamos fortaleza mental. Cualquier voluntad de continuar es impulsada por esa fuerza, y una vez que la chispa se enciende todo nuestro ser emerge con un solo propósito, vencer.

Entre el grupo de Navy SEALs se ha dado a conocer algunas palabras claves y que han sido denominador común entre todos ellos y que ellos mismos han manifestado, fueron base fundamental para la culminación de sus programas de entrenamientos. Se puede decir que forman parte en la definición de fortaleza mental de un Navy SEAL: motivación, confianza, enfoque y resistencia.

Motivación.

La misión cumplida es el motivador que te mantiene avanzando hacia un logro. La visualización del logro ya realizado te impulsa a centrarte y enfocarte en las acciones necesarias para llegar allí. Nadar en contra de la corriente con la determinación interna de que se cumplirá la misión, es la actitud de una persona altamente motivada.

Confianza.

Saber que posees las habilidades necesarias para enfrentar obstáculos y superarlos. También te permite recuperarte después de contratiempos, errores o malas actuaciones. Desarrollar cualquier habilidad requiere mucha práctica. La confianza se obtiene a través de varias veces poniéndose en escenarios difíciles que obligan a utilizar tus habilidades para conquistar el objetivo. Tomar el tiempo necesario para entrenar y estudiar adecuadamente antes de cualquier tarea es un gran constructor de confianza. La capacidad de ver la adversidad como una oportunidad de mejora y crecimiento es otra forma de crear confianza.

Calma y enfoque.

Es la habilidad de estar en control y ser capaz de seguir realizando una tarea en niveles óptimos, independientemente de la situación. Es importante entender que el cerebro y la mente son dos cosas distintas. Tu cuerpo obedece a tu cerebro, pero tu cerebro obedece a tu mente. Hay ciertas emociones y reacciones que son producidas por tu cerebro que responde automáticamente a ciertas situaciones. Sabiendo que estas respuestas ocurrirán, te permite hacerle frente anticipando y permitiendo que tu mente controle tus acciones.

Resistencia.

La voluntad decidida a no rendirse con el fin de tener éxito en la vida y lograr objetivos desafiantes. Debes estar dispuesto a empujar a pesar de las dificultades, el dolor y la duda en ti mismo. Simplemente debes estar dispuesto a nunca rendirte. Una vez empiezas a desarrollar una mente poderosa para lograr objetivos específicos o convertirte en un líder de negocios, estudiante, padre o madre, o quizá como atleta, es una habilidad que crecerá e influenciará positivamente en todos los aspectos de tu vida y en el entorno donde te desenvuelves.

Tener una mente poderosa también te ayuda a combatir con esas batallas personales como problemas de salud, situaciones difíciles en el trabajo, problemas familiares, problemas de pareja, depresiones, adicciones u obesidad. Muchas veces ayuda buscar recursos externos que han servido a otras personas para obtener resultados positivos, patrones que, al juzgarlos por sus resultados, han funcionado y, si algo funciona, entonces, ¿por qué no intentarlo?

Emular es una forma de recurso externo que puedes utilizar para transformar resultados no tan buenos en buenos y buenos en excelentes. Los Navy SEALs poseen muchas cualidades que tal vez podríamos emular por su poder de transformación, porque han sido probadas y sencillamente porque tienen un extraordinario resultado, pueden ayudarte en cualquier aspecto de la vida:

> - Los SEALs no nacen, se hacen.
> - No fallan y no abandonan.
> - Reaccionan a situaciones muy rápidamente.
> - Son expertos convirtiéndose en expertos.
> - Se automotivan.
> - Son ambiciosos y decididos.
> - Están seguros de sí mismos.
> - No buscan ser un jugador estrella, buscan ser un equipo estrella.
> - Son emprendedores al retirarse.

El desarrollo de frases o eslóganes son utilizadas en muchos aspectos de la vida como labores sociales con enfermos, jóvenes en los colegios, charlas motivacionales, etcétera:

«El dolor es temporal, el orgullo dura toda la vida».

«El guerrero victorioso gana primero y luego va a la guerra; mientras que el guerrero derrotado va a la guerra primero y luego busca ganar».

«El único día fácil fue ayer».

«No tiene que gustarte, solo tienes que hacerlo».

«Hay dos formas de hacer las cosas… La forma correcta, y otra vez».

<u>Resultados obtenidos.</u>

A través de muchos trabajos realizados se entienden las razones del porqué se produce el 75 % de deserción en los aspirantes a convertirse en un Navy SEAL; se ha llegado a determinar que la clave para el éxito y lograr pasar satisfactoriamente el programa BUD/S es 90 % mental y 10 % físico. Esta ha sido la conclusión después de treinta años de éxitos y fracasos.

Todas estas razones son las que me han llevado a aprender y entender más sobre este grupo de personas. Son sencillamente admirables y sus conocimientos y técnicas son un aporte para las personas comunes como tú y como yo. Representan el punto de partida para tu nueva vida que llega cuando te das cuenta que puedes aprender cualquier cosa que necesitas para lograr las metas que te has fijado. Esto significa que no hay límites en lo que puedas ser, hacer o tener. El fortalecimiento de la mente humana, sobreponiéndose ante situaciones extremadamente difíciles, venciendo miedos y poniendo el deseo y la voluntad por encima de todas las circunstancias, es lo que muy bien han aprendido los Navy SEALs.

Los tiempos malos no duran por siempre y, mucho menos, el dolor que puede producirte una situación cualquiera que sea. La mente poderosa es la solución a muchos de los problemas que día a día enfrentamos y, curiosamente, solo utilizamos una pequeña parte de nuestro cerebro. El filósofo William James argumentó en *The energies of men* (*La energía de los hombres*) que «estamos haciendo uso solo de una pequeña parte de nuestros posibles recursos mentales y físicos».

En el siguiente capítulo hablaremos sobre las técnicas utilizadas hoy día por los Navy SEALs para lograr mejores resultados en sus aspirantes y así lograr terminar con éxito el programa BUD/S.

CAPÍTULO VIII

LAS SIETE TÉCNICAS SEALS

El cuerpo humano es el carruaje; el yo,
el hombre que lo conduce; el pensamiento son las riendas,
y los sentimientos los caballos.
—Platón

Como indicamos en el capítulo anterior, fueron treinta años de éxitos y fracasos tras el cuestionamiento de cuáles eran las causas que llevaban a la deserción de los aspirantes a convertirse en Navy SEALs del programa BUD/S, después de desearlo tanto. Para obtener las respuestas claves que buscaban, se invirtieron millones de dólares en recursos, incluyendo un equipo de psicólogos que fueron integrados al programa de admisión BUD/S. El cambio simple a las preguntas ¿qué está fallando? a ¿por qué está funcionando?, lleva a enfocarse en aquellos aspirantes que sí lograron el éxito y convertirse en un Navy SEAL. Un simple cambio de pregunta y cambio del enfoque de carencia por un enfoque en los recursos, hizo la diferencia. Este ejemplo nos demuestra lo importante que es la formulación inicial de una situación, acto seguido de las acciones que acompañan dicha formulación. Una vez identificadas las claves de éxito para completar el programa BUD/S, solo faltaba poner en práctica las técnicas que ayudarían a los futuros aspirantes y, de hecho, el nivel de deserción ha disminuido, lo que indica que las técnicas funcionan. Veamos cuales son estas técnicas:

<u>Segmentación de objetivos.</u>

Esta técnica fue desarrollada por los psicólogos que aprendieron que algunos de los candidatos fallaban porque se abrumaban y estresaban anticipadamente; es decir, antes de realizar las pruebas y que aún no tomaban. Sencillamente es dejar de condicionar tu mente a situaciones que aún no han pasado y tal vez nunca ocurran. Es muy común este tipo de ejemplo en la vida cotidiana. Sus pensamientos negativos daban como resultado un pobre desempeño que los llevaba a ser descalificados o simplemente a desertar y abandonar por cuenta propia. Contrario a esta mentalidad, los psicólogos descubrieron que aquellos que lograban completar el programa satisfactoriamente habían optado por pensar y enfocarse en pequeños logros o segmentos, es decir, uno paso a la vez.

El 80% de las personas nunca llega a establecerse objetivos, sin embargo lo más sorprendente es que del 20% que sí logran establecerlos fallan un 70% de acuerdo a un estudio de Douglas Vermeeren autor *best-seller* en su obra sobre los objetivos vitales. Esto significa que los objetivos deben ser lo más preciso posible y se debe definir hasta el último detalle. ¿Qué implica específicamente?, ¿Qué problema será más difícil afrontar?, ¿Qué resultado deseas conseguir?. Después de tener bien definidos tus objetivos, pasas entonces a establecer los posibles logros de cada una. De esta manera, no parecerá tan abrumador y mantendrás el enfoque completo para cada logro. Un estudio realizado por el psicólogo Gail Matthews demuestra que las personas que escriben sus objetivos y sus potenciales logros, tienen un 33% más de éxito que aquellos que sólo almacenan sus deseos en la cabeza.

Control de la excitación emocional.

La excitación es el resultado de la reacción química que se produce durante las situaciones de amenaza. Aunque esto es una reacción humana perfectamente normal, es perjudicial tanto para la eficacia cognitiva como la motora. En un estado de excitación emocional nuestros cuerpos acentúan de forma importante la actividad fisiológica y el sentimiento de emoción se vuelve extremo. Esto puede llegar a ser tan potente como peligroso, tanto para el aspirante como para los demás, incluso los instructores, ya que incrementa, en estos casos, el miedo y la ira que nos impulsa a actuar muchas veces de forma irreflexiva. La técnica de la respiración 4 x 4 es una forma efectiva para suprimir el efecto fisiológico del miedo. Esta técnica se ejecuta de forma simple; se inhala profundamente hasta llenar los pulmones, por cuatro segundos y luego se exhala de manera constante y uniforme por cuatro segundos. Esta secuencia debe repetirse por dos minutos o más para ser efectiva.

La razón de esta técnica es porque trabaja básicamente llevando al cerebro a un estado de calma y relajación, la cual se asocia con la forma más beneficiosa de descanso.

Visualización.

La visualización no se trata de solo ver el desenlace de una situación en nuestra mente, es necesario incluir los sentimientos asociados en cada escenario, así como el sistema olfativo para anticipar lo que podría oler durante la situación. De esta manera cuando ocurre el evento, ya ha sido vívido en su mente muchas veces antes. Es decir la incorporación del sentido olfativo, auditivo y kinestésico a las previsualizaciones Una de las pruebas más difíciles para los Navy SEALs es dentro del agua en una piscina durante veinte minutos. Durante este ejercicio, los instructores atacan al aspirante bajo el agua, quitándole el regulador de respiración de su boca, cerrándole la válvula de oxígeno, hacerle nudos a las mangueras de los tanques.

Esto hace que el aspirante entre en pánico y busque subir a la superficie anticipadamente. Los psicólogos descubrieron que aquellos aspirantes que pasaron esta prueba en su primer intento utilizaron la técnica de visualización para prepararse. Existen cuatro pasos para lograr una visualización eficaz:

- ➢ Empezar con un fin en mente. Al segmentar nuestro objetivo en sus posibles logros debemos enfocarnos a esos logros, única y exclusivamente.
- ➢ Crear una imagen tan clara que podamos ver y vivirla de la misma forma que cuando vemos una película.
- ➢ Repetir, repetir y repetir la misma imagen hasta cuando ya la tengamos anclada en nosotros.
- ➢ Pensar en el objetivo de forma positiva. Creando imágenes sobre el desenlace que deseamos obtener al final e involucrar los sentimientos relacionados con el triunfo.

<u>Enfoque positivo.</u>

La mayoría de los seres humanos piensan un promedio de 500 a 1500 palabras por minuto, es importante que la naturaleza de estas conversaciones internas entre los *yoes* sea positiva en lugar de negativa. Esta técnica desarrolla confianza y mantiene un alto nivel de motivación. Si el enfoque de los pensamientos es negativo y contiene palabras como las mencionadas en capítulos anteriores, es casi seguro que el resultado será igual de negativo. La técnica de silenciar la mente es una alternativa, para aquellos que les resulta difícil evitar las conversaciones negativas. Nuestra mente, como ya hemos hablado, es una fábrica constante de pensamientos, lanzados continuamente al margen de nuestra voluntad. Es necesario conocer la mente para que te abandone y utilizarla solo cuando la necesitas. Esto se logra cuando tomamos conciencia de esto y nos damos cuenta que no somos nuestros pensamientos y no le seguimos el juego. La mente simplemente se cansará y nos dejará tranquilos. Otro camino para lograr un enfoque positivo es a través de la meditación en donde igualmente se debe silenciar la mente. Donde la mente acaba, la meditación comienza, recuérdalo. En Japón meditar es sentarse sin hacer nada, así de simple y una meditación llegará. Tú no la atraerás, ella llegará a ti.

Separación emocional.

Es la realidad de la cual muchos de estos Navy SEALs serán testigos y experimentarán la pérdida de un amigo en combate. Ellos aprenden a suprimir esa respuesta normal humana de dolor durante la lucha, sabiendo que serán capaces de abordar sus emociones en otro momento, cuando sea seguro hacerlo. Se mantiene el control de la situación en todo momento, permitiendo que el enfoque sea constante. ¿Cómo puedo hacer entonces para lograr separar mis emociones?. De la misma forma en que intentas no pensar en un elefante rosado con una pelota de playa provocará que termines pensando en él como ahora mismo, ¿me equivoco?. Por un efecto rebote. Estudios indican que es muy difícil lograr apartar las emociones de nuestra mente. Sin embargo hay técnicas que te pueden ayudar a lograrlo.

- ➤ Recordar tus virtudes y éxitos. La reafirmación de las virtudes en momentos extremadamente negativos, es una de las mejores estrategias para gestionar sentimientos. Las personas con mayor control emocional utiliza la autoafirmación cuando la intensidad de las emociones aún está iniciando dando tiempo a buscar y encontrar otro punto de vista sobre la situación.
- ➤ Distraer la atención hacia el objetivo. Distraer la atención ayuda a bloquear los estados emocionales antes que ellos logren apoderarse de ti. Funciona y es muy eficaz cuando actúas rápidamente y no cuentas con suficiente tiempo para utilizar otra estrategia.
- ➤ Pensar en tu futuro inmediato. Es muy eficaz para mantener el autocontrol. Un estudio realizado a

niños que consistía en resistir la tentación de comer una golosina a cambio de recibir otra demostró que aquellos niños que lograron resistir obtuvieron mejores resultados en sus test escolares y mejores empleos en años venideros.

➢ Meditar habitualmente. Tal y como lo hemos mencionado esta práctica ayuda a silenciar la mente cuando así lo decidimos.

➢ Preocuparse más tarde. No se trata de evitar sentir emociones, sino de postergar las mismas. El enfoque es distinto si logras verlo. Un estudio realizado sobre esta técnica determinó que aquellas emociones que son postergadas o puestas en pausa regresan posteriormente con una intensidad mucho menor.

➢ Piensa en lo peor que te puede pasar. Cuando te preguntas ¿qué sería lo peor que te puede ocurrir en una situación?, encontrarás una respuesta y esto da paso a preguntarte otra vez y otra vez hasta que llegas a una respuesta definitiva en donde ya no hay espacio para formular más la pregunta. Muchas veces esta respuesta definitiva es que puedes morir y después de la muerte ya no hay nada más de qué preocuparse. No se trata de pensar en la muerte, sino de darte cuenta que tu peor escenario posible puede ayudarte a relativizar tus problemas.

<u>Plan para lo inesperado.</u>

Similar a la visualización, el plan de contingencia es una técnica importante que ayuda a disminuir el efecto del miedo y el estrés. Cuando se implementa la técnica de plan de contingencia y haces frente a una tarea sabiendo que las cosas pueden cambiar y que tú estás preparado para esos cambios, aumentará considerablemente la confianza. La confianza permite la reacción rápida ante un obstáculo que a su vez permite evitar la respuesta normal del cuerpo a los factores de estrés.

En otras palabras, no se trata de lo que sucede durante un evento importante, sino que es lo que haces en respuesta a lo que sucede lo que cuenta.

Concentración y enfoque.

Cuando un Navy SEAL se encuentra en lo que ellos mismos llaman «in the zone» o «en la zona», nada lo distrae y nada puede penetrar esta zona. Aunque este grado de super enfoque es necesario en la realización de misiones, es importante aprender a cambiar y pasar de un modo relajado que te da el enfoque a una acción quirúrgica sin obviar ningún detalle. Armado con el conocimiento de estas respuestas naturales ante el miedo y el estrés, puedes mejorar tu preparación al momento de enfrentar nuevos retos y situaciones de diversos tipos, cuando quieras y donde quieras. Igualmente, puedes pasar estos conocimientos que con mucho cariño te estoy brindando para alguien más en tu vida. Seguramente los Navy SEALs han sabido hacer las cosas bien. Aprender de sus propias experiencias, siempre en una constante evolución, mantener y a la vez darle mayor profundidad a sus valores y principios y el desarrollo de la fortaleza mental que es la clave para el logro de su éxito. Los SEALs aprenden y practican varios métodos de disciplina para alcanzar la excelencia, trabajan específicamente en tres planos para lograr un desarrollo integral:

Primero:

Se preparan mentalmente para resistir todo tipo de negatividad, toxicidad, abatimiento, desmotivación o cualquier síntoma de fracaso y desmoralización. Mentalmente buscan desarrollar la disciplina personal y mejorar la capacidad de concentración, la paciencia y la humildad.

Segundo:

En el aspecto físico trabajan el cuerpo para que pueda ser capaz de resistir todo tipo de climas: fríos, desérticos, áridos... Incluso los entrenan para soportar torturas y maltratos.

<u>Tercero:</u>

En el plano espiritual, los SEALs buscan su crecimiento interior, conocerse a sí mismos y la propia naturaleza para ser: primero, buenos compañeros y después, encontrar a ese líder que llevan dentro. Nunca asumen roles de liderazgo como un fin en sí mismo. Su ética es estricta de acuerdo con sus propios valores. En la búsqueda de esa identidad que defina este equipo como uno sólo y al estilo de aquel lema original de los tres mosqueteros que dice «Uno para todos; todos para uno», de igual forma existe para los Navy SEALs. Un contrato, un compromiso que contiene los principales principios, valores y creencias que comparten como una única unidad y que ellos llaman Credo. Lo interesante de este tipo de credo o contrato, es que al leerlo y recitarlo se sienta con todo tu ser cada palabra, oración y compromiso que contiene y no repetirlo simplemente porque sí. En otras palabras este Credo representa mucho más que palabras e ideas muy bien redactadas. Es un compromiso de vida, para toda la vida.

<u>Credo de los Navy SEALs.</u>

«En tiempos de guerra o incertidumbre, hay una clase especial de guerrero, listo para responder a la llamada de nuestra Nación. Un hombre normal con un deseo inusual de tener éxito. Forjado por la adversidad, forma parte de las mejores fuerzas de operaciones especiales de Estados Unidos, para servir a su país y al pueblo americano y proteger su forma de vida. Yo soy ese hombre. Mi tridente es un símbolo de honor y patria. Me ha sido otorgado por los héroes que me precedieron y encarna la confianza de quienes he jurado proteger. Al portar el tridente, acepto la responsabilidad de mi profesión y el estilo de vida elegido. Es un privilegio que debo ganarme cada día. Mi lealtad para con mi país y el equipo es inquebrantable. Sirvo humildemente como guardián de mis iguales estadounidenses, siempre presto para defender a aquellos que no se pueden defender. No doy publicidad a la naturaleza de mi labor ni busco reconocimiento por mis acciones. Acepto voluntariamente los riesgos inherentes a mi profesión y pongo el bienestar y la seguridad de los demás por delante de los míos. Sirvo con honor dentro y fuera del campo de batalla. La capacidad para controlar mis emociones y mis actos, cualesquiera que sean las circunstancias, me hace diferente al resto de los hombres. Mi norma es la inflexible integridad. Mi carácter y mi honor son firmes. Mi vínculo es mi palabra. Esperamos mandar y obedecer. Si no hay órdenes, tomaré el mando, dirigiré a mis compañeros de equipo y llevaré a cabo la misión. Lidero en cualquier situación mediante el ejemplo. Nunca renunciaré. Persevero y avanzo en la adversidad. La Nación espera de mí que sea físicamente más duro y mentalmente más fuerte que mis enemigos. Si me derriban, volveré a ponerme en pie cada vez. Recurriré a los últimos restos de aliento para proteger a mis compañeros de equipo y cumplir mi misión. Nunca rehuiré la pelea. Exigimos disciplina. Esperamos innovación. La vida de mis compañeros de equipo y el éxito de nuestra misión dependen de mí, de mi capacidad técnica, mi competencia táctica y mi cuidado del detalle. Mi formación nunca termina. Nos entrenamos para la guerra y luchamos para vencer. Estoy listo para resistir todo tipo de combates con el fin de cumplir mi misión y las metas marcadas por mi país. La ejecución de mis obligaciones será rápida y violenta cuando sea preciso, pero guiada por los mismos principios que defiendo. Hombres valerosos han luchado y muerto construyendo la orgullosa tradición y la temible reputación que estoy obligado a defender. En las peores condiciones, el legado de mis compañeros de equipo refuerza mi resolución y me guía silenciosamente en cada acción».

¡No fallaré!

CAPÍTULO IX
MENTALIDAD PODEROSA

La energía de la mente es la esencia de la vida.
—**Aristóteles.**

Dependiendo de lo que deseas y de cuáles son tus metas, debes definir cómo moldear esa mente poderosa para ti. Una vez tengas claro el panorama de lo que quieres conseguir: empezar un negocio, ser promovido en tu empleo, cambiar tus hábitos alimenticios, etcétera, entonces puedes empezar a formular un plan de cómo lograrlo. Será fácil desarrollar una mente poderosa asociando sus objetivos con un plan de acción que pueda ser medible. Lo principal es tener claro que una mente poderosa requiere acciones, no se puede esperar que las cosas sucedan simplemente porque sí, hay que tomar medidas para hacer que ocurran. Cualquiera que sea el reto al cual te enfrentas, el éxito dependerá de tu habilidad para perseverar y empujar a través de situaciones o tiempos que ormidad, ansiedad y dudas. Aceptando evos problemas que resolver, agitación udará a crecer la confianza y aumentará s los días.

El poder de las palabras.

Las palabras poderosas impulsan y estimulan una mente poderosa. Tener unos cuantos mantras y repetirlas en tu mente es una gran forma de transformar tu fisiología en momentos que lo necesites o incluso antes de emprender una acción. Recuerda que tus pensamientos llevan a tus sentimientos y emociones; tus sentimientos y emociones llevan a tus acciones; y tus acciones llevan a tus resultados. Un mantra es un término que puede traducirse como «pensamiento». En religiones como el budismo y el hinduismo, un mantra es una frase, palabra o sílaba sagrada que se recita como apoyo de la meditación o para invocar a la divinidad. El mantra actúa como una herramienta que ayuda a liberar la mente del flujo constante de pensamientos. Gracias a la repetición del mantra, la persona ingresa en un estado de concentración profunda. La meditación, con la ayuda del mantra, permite que la persona concentre su atención en su propia conciencia, en un pensamiento u objeto externo.

Algunos ejemplos de mantras sencillos son: «El fracaso no es una opción», «Soy la fuerza que no se detiene» y «No empieces nada que no vayas a terminar». En mis entrenamientos enseñamos a utilizar mantras usando toda la fisiología, transformando dudas y miedos en determinación y empuje con un alto nivel de adrenalina.

Los desafíos.

El crecimiento en la vida viene de los desafíos que has afrontado en *ella*. Si no te permites lidiar con los desafíos, nunca sabrás lo que eres capaz de lograr. Una verdadera mente poderosa reconoce el valor que tienen los retos y desafíos. Esta mentalidad y forma de pensar te empuja a pesar de las creencias limitantes que tengas. Recuerda que, si no te retas a ti mismo, no tendrás cambios.

Estar cómodo sintiéndote incómodo.

Los retos y los desafíos suelen ser inconfortables, porque nos hacen salir de nuestra zona de confort, que de otra forma serían confortables. Todo lo que nos causa estrés, reacciones negativas, son situaciones inconfortables, que precisamente ocurren muchas veces en nuestro día a día; cuando te piden algún trabajo para el mismo instante, cuando te cambian los planes que tenías, cuando te enfrentas a un tránsito terrible, por mencionar algunos casos, ¿te parecen conocidos? Me imagino que sí. Entonces, ¿cómo enfrentar estas situaciones incómodas? Te diré: «Estar cómodo sintiéndote incómodo». No importa cuáles son tus metas en la vida, o qué tanto te falta para lograrlas, tienes un enorme potencial si estás dispuesto a poner un alto a las excusas y empezar a vivir una vida de dedicación y compromiso. Nadie nace siendo un maestro de la mente poderosa, más bien todos pasamos por una niñez y crecimos como todos. La diferencia es simple, aquellas personas que tienen una mentalidad poderosa aprendieron de la misma forma que tú también puedes aprender. El conocimiento no está vetado para algunos solamente, el conocimiento está para todos.

Ser disciplinado.

«El individuo que quiere alcanzar la cima en los negocios debe apreciar el poder y la fuerza del hábito. Él debe ser rápido para romper con los hábitos que pueden acabar con él y apresurarse a adoptar las prácticas que se convertirán en los hábitos que le ayuden a lograr el éxito que desea». —Jean Paul Getty. Los hábitos positivos son invaluables para tener una buena disciplina. Mucha gente piensa que formar un hábito es solo hacer la misma cosa todos los días. Esto no es cierto. Se debe pensar en los hábitos más como rasgos de carácter y menos como acciones reales. Ser habitual es un rasgo poderoso, siempre y cuando los hábitos que creas te empujen a ser mejor de lo que fuiste ayer. ¿Cómo puede un atleta tener resultados sin tener una disciplina? Levantarse cada mañana a una misma hora, correr o nadar, luego ir al gimnasio, comer saludable, hidratarse, alejarse de los vicios, dormir temprano, etcétera. Todo esto es tener una disciplina. El nivel y las técnicas de disciplina van a depender de cuál sea tu meta, sin embargo, toda meta conlleva sacrificios y cambios de hábitos para alcanzarlas.

Adaptación.

Hace millones de años que se extinguieron los dinosaurios de la Tierra y hoy tal acontecimiento solamente lo usamos como una metáfora alusiva al cambio. Lo cierto es que, debido a la falta de una adaptación rápida ante los cambios climatológicos, particularmente las condiciones de temperaturas, es que desaparecieron los dinosaurios. Quien permanece siempre de la misma manera no experimentará ningún cambio y menos favorable. No importa qué tan bueno seas en lo que haces, debes adaptar tus técnicas o te puedes quedar atrás. El mundo está constantemente cambiando y es tu responsabilidad cambiar con él.

Un ejemplo que puede ayudarte a entender mejor mi punto es la película *The Internship* o *Aprendices fuera de línea*, protagonizada por Owen Wilson y Vince Vaughn. La trama de la película trata sobre dos vendedores de relojes que un día llegan a quedarse sin empleo, porque el dueño del negocio no ve futuro ni sentido en mantener este tipo de negocio. A este par de amigos se le ocurre incursionar y tratar de ganar un puesto en Google, sin tener conocimientos profundos de tecnología, sin embargo, logran adaptarse y seguir adelante. Debes estar listo y preparado para salir de tu zona de confort cuando sea necesario y, como mencionamos antes, «estar cómodo sintiéndote incómodo».

Prepárate para lo mucho y no lo poco.

Muchas personas piensan que al hacer un cambio de mentalidad o hábitos es por una razón específica y por un tiempo determinado. Si quieres elevar tu nivel de disciplina mental, debes saber que es para toda la vida y para todas las situaciones sin excepción. Es fácil seguir viviendo de la misma forma que has llevado hasta hoy, porque te parece confortable y familiar. Puede resultarte difícil, sin embargo, la recompensa al final hace que valga la pena el cambio. Puedes correr una simple carrera, o una maratón, pero tu preparación es para hacer un triatlón, ¿entiendes el punto?. La diferencia es que, al prepararte para algo específico, estás condicionando tu mente y la estás limitando de algo que puede ser mayor. La presión revela la preparación. Cuando un boxeador pelea a ocho asaltos, debe estar preparado para pelear como si fueran doce. La preparación debe haberse hecho con antelación, para ponerla en marcha cuando llegue el momento.

<u>No permitas que los contratiempos te detengan.</u>

Puedes estar haciendo todo bien, tienes un plan, tienes tus metas y estás actuando para lograrlas, entonces repentinamente algo cambia. No importa si cancelan un evento, si posponen o atrasan un partido, si te enfermas o te lesionas. No debes permitir que estas cosas te detengan. Acepta el contratiempo, analiza la situación, adáptate y tranquilamente ajusta el plan y ¡sigue adelante!

<u>El poder del conocimiento.</u>

Francis Bacon, considerado el padre de método científico y el empirismo filosófico, afirma la importancia de la experiencia en el proceso de adquirir conocimiento. También se le atribuye la frase «El conocimiento es poder». Una forma sencilla de obtener conocimientos es a través de la lectura. Encuentra temas que te interesan y con la tecnología que tenemos hoy en día no tendrás dificultad en encontrar el material que buscas. Echa un vistazo de quiénes son los mejores en su área y probablemente encuentres que están actualizados en sus campos. Recuerda que el conocimiento es poder y al tener más conocimientos le estas dando más recursos al cerebro.

«Si un roble de treinta metros de altura tuviese la mente de un ser humano, solamente crecería hasta una altura de tres metros». —T. Harv Eker. Ahora sabes que, para tener una mentalidad poderosa, puedes aprenderlo, desarrollarlo y optimizarlo.

<u>Principio de mente sobre materia.</u>

Tal vez hayas escuchado a este punto de tu vida la expresión «la mente sobre la materia»: es importante recordarla. Controlando los pensamientos que corren a través de tu mente, puedes controlar las acciones y el enfoque de las mismas. Las acciones van en dirección de tus pensamientos, así que, si estos son positivos, todo es posible. Estudios realizados en la Universidad de California y el Instituto de Tecnología de California llegaron a la conclusión de que el ser humano es capaz de controlar las acciones de diversas neuronas y de esta forma elevar o disminuir la actividad de las mismas. El estudio consistió en colocar a un grupo de personas a manipular las imágenes que transcurrían en una pantalla solo con sus pensamientos. Aunque todavía queda mucho por descubrir, sí se pudo confirmar que la mente humana es capaz no solo de recibir sino también de filtrar aquello que le resulta relevante. Poder manipular la actividad de ciertas neuronas puede explicar cómo algunos individuos realizan las más increíbles hazañas sin sentir dolor o lesionarse. Su mente logra bloquear esas dolencias, algo que para la mayoría de los seres humanos resulta imposible de hacer o por lo menos en esos niveles tan avanzados. Todos hemos visto como Luke Skywalker, el maestro Yoda o Darth Vader podían mover cosas con solo utilizar su mente en *La guerra de las galaxias*. Más recientemente la película *Lucy* con Morgan Freeman y Scarlett Johanson en donde ella (Lucy) llega a utilizar el 100 % de su cerebro.

Cada día se hacen más investigaciones que prueban que, cuando concentramos nuestra atención y enfocamos nuestra intención hacia algo, logramos importantes resultados. Es cierto que no podemos mover una cuchara con nuestra mente como Neo en *Matrix*, pero nuestra mente sí puede afectar procesos más sutiles como impactar en nuestro sistema inmunológico o el de terceras personas. El que no veamos físicamente una energía no significa que no exista. Usa el poder de la intención para mejorar tu vida, concentra tu atención en lo que deseas cambiar y estarás un paso más cerca de lograrlo.

<u>Meditación.</u>

Hablamos de la utilización de la técnica que ayuda a promover la relajación, construir energía interna y fuerza de vida. Es una técnica utilizada desde la antigüedad y que en la actualidad es utilizada igualmente con fines religiosos y filosóficos; sin embargo, la meditación implica un esfuerzo interno para entrenar la mente de algún modo. En la actualidad, aumenta el número de personas que utilizan la práctica del mindfulness o conocida también como Atención Plena, una práctica basada en la meditación que consiste en entrenar la atención para ser consciente del presente. Cualquiera que sea la técnica o práctica de meditación que elijas adoptar, debes saber que hay cientos de ellas y que datan de hace más de 2,000 años y utilizadas por grandes figuras de la historia como lo fue el Emperador Romano Marco Aurelio Antonio Augusto, apodado también como el *«sabio o el filósofo»*. En su libro *Meditaciones*, Marco Aurelio escribe para sí mismo como forma de recordar los principios de la filosofía que adoptó, el estoicismo basada también en la meditación. Es que la filosofía estoica ha tenido tanta fama por la tranquilidad de espíritu que ofrece. *Meditaciones* es una de los mejores manuales de ética que nos ha reglado la historia.

CAPÍTULO X
PERFECCIONAR LA TÉCNICA

Todo cuanto hacemos debe tender al progreso
y al perfeccionamiento.
—Baruch Spinoza

Hemos mencionado diferentes técnicas que han demostrado ser exitosas por la sencilla razón que han sido probadas con resultados satisfactorios. Sin embargo, el que existan estas técnicas, ya creadas por alguien más, no significa que no puedan ser perfeccionadas; para lograr un mejor resultado o para adecuarlas a otro tipo de personas o de circunstancias.

Una técnica es una destreza que es desarrollada a través del aprendizaje y la práctica, lo que significa que puede ser mejorada, perfeccionada o servir como base para una nueva técnica.

David Blaine es un mago e ilusionista, nacido en Estados Unidos en el año de 1973. En sus inicios Blaine realizaba trucos con cartas en las calles, hoteles o para celebridades de diferentes países, pero ha sido lo que él ha logrado en los últimos años lo que realmente llama la atención:

> ➢ El 5 de abril de 1999, permaneció una semana enterrado vivo dentro de un ataúd de cristal sin alimentos,

solo con agua. Después de esto y al parecerle divertido, David decide hacer otros retos parecidos.

➤ El 27 de noviembre de 2000, permaneció durante 3 días y 3 noches dentro de una estructura de hielo, resultándole este acto mucho más difícil de lo que se esperaba.

➤ El 22 de mayo de 2002, se mantuvo de pie en lo alto de un pilar de 30 metros por 36 horas. Esta experiencia le hizo alucinar tanto, que los edificios le parecieron cabezas de animales, todo producto del cansancio.

➤ El 5 de septiembre de 2003, permanece dentro de una caja de cristal colgada a 9 metros de altura durante 44 días, alimentándose solamente de agua. Esta experiencia ha sido una de las más difíciles que ha realizado, pero también, una de las más gratificantes porque había mucho escepticismo al punto de que empezaron a volar helicópteros a su alrededor, con anuncios de hamburguesas para tentarlo a abandonar su osadía.

➤ El 1 de mayo de 2006, estuvo sumergido bajo el agua, para batir el récord mundial de inmersión sin respirar, impuesto por el alemán Tom Sietas de 8 minutos 58 segundos: sin embargo, solo logró alcanzar 7 minutos 8 segundos.

➤ El 30 de abril de 2008 y tras no haber logrado su anterior meta, se presenta en el show de Oprah Winfrey, para intentar una vez más, romper el récord hazaña que logró al aguantar la respiración bajo el agua por 17 minutos 4 segundos.

➤ El 22 de septiembre de 2008 permaneció colgado en posición invertida durante 44 horas.

➤ Recientemente, el 2 de agosto de este mismo año 2020 y utilizando únicamente globos de helio, ascendió a

24,900 pies de altura desde la superficie terrestre para luego descender en caída libre.

Como mencioné antes, lo que resalta de la carrera de David Blaine no es su habilidad como mago o ilusionista, David Blaine ha logrado superar retos extremos físicos y mentales. Entonces, ¿por qué lo hace?; dicho por él mismo: «Me gusta crear imágenes que hagan reflexionar a las personas y de igual forma intento retarme yo mismo, a hacer cosas que los médicos llaman imposibles». Y ¿cómo lo hace?, sería la pregunta a contestar, pues bien, antes de contestar esta pregunta debemos mencionar que los últimos retos que David Blaine ha logrado superar, incluyendo su mayor obra llamada «*Ascensión*» han tenido dos variables en común: control de la respiración y la temperatura corporal.

La técnica de respiración desarrollada por los Navy SEALs conocida como 4-4-4 que consta de un primer proceso de inhalación de aire, hasta llenar los pulmones por 4 segundos; luego se mantiene dentro por otros 4 segundos, para expulsar el aire de los pulmones por otros 4 segundos. Está técnica fue desarrollada, para enfrentar los momentos que ya conocemos de «*Lucha o huida*» en donde se logra reducir las pulsaciones cardíacas controlando la ansiedad. Dicha técnica fue perfeccionada posteriormente por la 4-7-8, en donde se mantiene el aire en los pulmones por 7 segundos, antes de expulsarlo durante 8 segundos. Entonces, ya en este punto, hemos visto cómo una técnica que fue desarrollada, para cumplir un objetivo y que logró resultados positivos, ha pasado con el tiempo a ser perfeccionada, para obtener mayores y mejores resultados.

David Blaine incorpora el proceso de lo que él llama «*purgar*» o expulsar el CO2 (dióxido de carbono) del cuerpo. Es decir, hiperventilar adentro y afuera como si estuvieses llenando un globo de aire; lo que significa que se crea un desbalance entre el CO2 (dióxido de carbono) que sale de tu cuerpo y el O2 (oxígeno) que entra, lo cual podría ser arriesgado para alguien que no conozca o domine la técnica. Luego de esto, se toma una gran bocanada de aire u O2 (oxígeno), para aguantarlo y relajarte, sin dejar salir nada de aire hasta que posteriormente se expulsa. Esta práctica la llevó a cabo Blaine, durante varios meses y cada mañana, lo primero que hacía era aguantar la respiración. En un espacio de 52 minutos aguantaba la respiración por 44 minutos en intervalos, así que se purgaba (expulsar el CO2 del cuerpo) fuerte por 1 minuto, luego tomaba una gran bocanada de aire que aguantaba por 5 minutos 30 segundos. Después se purgaba nuevamente por 1 minuto, tomaba una gran bocanada de aire que aguantaba otros 5 minutos 30 segundos y así sucesivamente, 8 veces seguidas. Entonces, en 52 minutos solo respiraba 8 minutos. Este proceso de purgarse (expulsar el CO2) e incorporar la inmovilidad le proporciona mayor capacidad de mantener el O2 (oxígeno), ya que el mismo es liberado a medida que aumenta la actividad física. Bajar de peso le ayudó a mantener más la respiración y el ritmo cardíaco. Adicional a esto, la inmovilidad y estar en reposo disminuyeron hasta 38 pulsaciones por minuto lo cual es inferior al ritmo de muchos atletas olímpicos.

Blaine practicaba aguantar la respiración en cualquier situación que le causara estrés y así experimentar si podía disminuir las pulsaciones. La técnica de contener la respiración es algo que ha perfeccionado por 4 décadas y es que dicho por él mismo: «es practicar, es entrenar, y es experimentar, mientras aguanto el dolor para sacar lo mejor de mí mismo. Eso es la magia para mí». Esto lo tuvo que hacer David Blaine para poder vencer el primer obstáculo de su mayor obra *«Ascensión»* la hipoxia. La hipoxia cerebral que se produce cuando no recibes suficiente oxígeno debido a la altura. Es por ello que la cabina de un avión es presurizada, ya que la presión atmosférica natural es muy baja, a una gran altitud de forma tal que respiras aire con menos cantidad de oxígeno. El otro reto era superar la baja temperatura que se alcanza a medida que asciendes y se aleja de la superficie terrestre, ya que según estudios realizados a cada 1,000 pies de altura la temperatura corporal disminuye 3 grados y medio. Para vencer este segundo obstáculo, David se entrena dentro de una cámara parecida a un congelador, exponiéndose al frío extremo. Acostumbra, antes de ingresar a dicha cámara, revisar su temperatura corporal, asegurándose que sea normal en unos 97.7 grados Fahrenheit; es decir, unos 36.5 grados Centígrados y al salir de la misma, siempre marcó registro por debajo de 0 grados Fahrenheit.

El día del evento y, que tuve el gusto de disfrutar en vivo a través de una plataforma digital, David Blaine empieza a ascender por casi 49 minutos, hasta alcanzar una altitud de 24,900 pies, sujetando solamente un grupo de los globos de helio, tal y como vimos en la película *Up (Una aventura de altura)*. Al llegar a esta altitud, su temperatura corporal era de 0 grados Fahrenheit, es decir -17.78 grados Centígrados. La velocidad aproximada de ascensión lograda fue de 508.16 pies de altitud por minuto, lo cual es muy rápido.

No es el tiempo que dura un evento, sino lo que ocurre en ese tiempo lo que es verdaderamente valioso. Una vez más, aprendemos de aquellos que no temen hacer una diferencia en este mundo o para mostrarnos que somos capaces de hacerla. Esto me recuerda la famosa frase de la película «*Gladiador*» que dice: «Lo que hacemos en vida tiene su eco en la inmortalidad».

Cada récord mundial se rompe porque alguien perfeccionó una técnica o bien creó una nueva, utilizando como base una ya existente y éste es el propósito de este capítulo, mostrarte que sólo el que busca ir más allá del horizonte visible es quien podrá lograr grandes cosas y, mientras termino de escribir este capítulo, descubro que en el año 2016, el español Aleix Segura

Vendrell, utilizando otra técnica llamada *Apnea Estática* logra el récord mundial de aguantar la respiración bajo el agua, esta vez por 24 minutos y 3 segundos.

Existe una gran cantidad de técnicas que se puede utilizar en la vida cotidiana y que solo necesitas ajustarla a tus necesidades, perfeccionarla si buscas mayores resultados y es que como dice el dicho «si ya existe la rueda, para qué inventarla».

CAPÍTULO XI

LA REGLA DEL 40%

Cuando tu mente te dice que ya no puedes más,
realmente solo estás al 40 %.
—Ex SEAL David Goggins.

Seguramente te ha pasado en algún momento que te dices a ti mismo «es suficiente», «ya no puedo más» y posiblemente, esto lo hayas pensado mientras realizas una actividad física, o en tu oficina mientras completas una tarea o en cualquier otra actividad. Todos pensamos que conocemos cuáles son nuestros límites, ya sea si estamos haciendo ejercicio, estudiando, o simplemente, tratando de romper un mal hábito; siempre existe ese momento en que estamos a punto de rendirnos. Aquí es donde entra la regla del 40 % creada por un ex–SEAL, que dice: «Cuando tu mente te está diciendo que has acabado, solo has acabado el 40 %». Es precisamente David Goggins quien ha popularizado esta regla, pues además de ser un ex–SEAL, posee los siguientes logros:

➢ 2013: El récord mundial de flexiones con 4030 en 24 horas.

➢ 2007: Tercer lugar en la carrera de Badwater, un ultramaratón que se celebra cada año en julio en

California, con temperatura de 50 grados centígrados, 135 kilómetros, desde un punto casi a nivel del mar, hasta la meta final que se encuentra a 2500 metros sobre el nivel del mar, la carrera más dura del mundo.

➢ 2006: Segundo lugar en el Campeonato Mundial Ultraman, un triatlón con el doble de distancia de un Ironman. Considerado el triatlón más difícil del mundo.

➢ 2007: Primer lugar en el Campeonato Nacional de 48 horas, donde corrió 203.5 millas, batiendo el récord por 20 millas.

➢ 2007-2016: Otra gran cantidad de competencias y retos.

Son muchos los logros de Goggins, sin embargo, éstos adquieren mayor valor tomando en cuenta que padece de asma, anemia falciforme y que fue abusado física y psicológicamente, pues era obeso; tuvo dificultades académicos y hasta un defecto congénito del corazón. Muchas limitantes, ¿cierto?, y aun así logró lo que ya hemos destacado.

Por supuesto, todos tenemos límites. Pero cuando la mente te está diciendo «no», a veces te lo está diciendo demasiado pronto y, al tratar de mantenerse fuerte por solo unos pocos minutos más, resulta que eras capaz de mucho más. La base de esta regla consiste en mantener conversaciones positivas en tu mente todo el tiempo o, en la mayoría del tiempo y, si no te es posible, entonces que no haya conversación, *«no mind»*. Parece una tontería, pero es realmente difícil para aquellas personas negativas y pesimistas. Martin Seligman, profesor de la Universidad de Pensilvania, en su libro *Learned Optimism* o *Aprendiendo optimismo* define el pesimismo de la siguiente manera: «La característica definitoria de los pesimistas es que tienden a creer que los eventos malos van a durar mucho tiempo, lo socavarán todo y son siempre por propia culpa.

Los optimistas piensan acerca de la desgracia de la manera opuesta. Tienden a creer que la derrota es temporal, que sus causas se limitan a este único caso y que la derrota no es su culpa sino de las circunstancias, la mala suerte o un suceso meramente aleatorio». Si eres capaz de mantener la regla del 40 % en tu mente de forma permanente, tu cerebro será consciente de que aún hay un 60 % por dar y de esta forma será más difícil abandonar. Tal vez no logres ese restante de una buena vez, pero te aseguro que expandirás aún más el 40 %. Eres más capaz de lo que te imaginas, pero tienes que luchar contra los bloqueos mentales que te has establecido durante años. Puedes correr más lejos, puedes aprender más, y puedes resistir tus vicios más tiempo. Se trata de las creencias limitantes que nos detienen, del hábito de regresar automáticamente a nuestra zona de confort y de la importancia de la fortaleza mental para superarlas.

Jesse Itzler, copropietario de los Hawks de Atlanta en la NBA, cofundador de Marquis Jet y socio en ZICO Premium Coconut Water y atleta de rendimiento, indica que «nosotros tenemos mucho más que dar en nuestro tanque de reserva de lo que creemos».

Claro que sí, esto fue lo que aprendió muy bien Jesse Itzler luego de participar en una carrera de 24 horas en San Diego donde conoció a David Goggins. Cuenta Itzler que él estaba con un grupo de personas que se apoyaban mutuamente para lograr terminar la carrera, mientras que veía a este tipo solo, lo cual le causaba curiosidad, porque correría solo una carrera tan difícil. Entre sus compañeros revisaban que llevaran todo lo necesario, como cintas para accidentes, agua, bananas, bebidas hidratantes, barras de proteínas. Se sentía ansioso por empezar, pero no dejaba de notar a este tipo con apariencias de tener unas 260 libras aproximadamente, mientras que el resto pesaba entre 140 y 160. Todos conversaban amistosamente, mientras el tipo estaba con cara de pocos amigos. Solamente estaba sentado en una silla con los brazos cruzados, sin estirar los músculos, sin calentar antes de la carrera, sin zapatos vistosos y sin compañero de carrera. Lo más sorprendente era que solamente llevaría galletas y una botella de agua para la carrera de 24 horas y eso era todo. Luego de conocer a David Goggins en aquella carrera, Jesse Itzler lo invita a quedarse viviendo con él por un mes para aprender más sobre esa habilidad mental, de donde nace la regla del 40 %. Itzler comenta que aprendió que cada uno de nosotros tiene la capacidad de hacer todo lo que deseamos hacer y mucho más, pero que la única diferencia entre las personas que lo hacen y lo que no estriba en la habilidad de manejar efectivamente la mente.

También comenta Itzler que, en el proceso de aprendizaje, Goggins le decía: «*Si no te duele, no lo hacemos*». En otras palabras, lo forzaba a que estuviera en una posición incómoda para conocer cuál era el punto de referencia y su área de comodidad para así sacarlo de allí. Es fácil hacer lo que se acostumbra a hacer, ni más ni menos.

La regla del 40 % es la prueba del porqué el alto porcentaje de personas terminan un maratón. Es en el momento en que llegan y se estrellan contra la «*pared*», que ellos saben que aún todavía hay gasolina en el tanque que, aunque el cuerpo se esté quejando de dolor, el mismo tiene aún la capacidad de dar más. «Todos tenemos esa capacidad, es solo cómo aprendemos a utilizarla y ponerla en práctica en nuestras vidas, no cuando estemos haciendo maratones, sino en el diario vivir de cada uno de nosotros», concluye diciendo Itzler.

Luego de aquella experiencia, Jesse Itzler escribe su libro, *Living with a SEAL* o *Viviendo con un SEAL*, considerado un *best seller*.

Estoy seguro de que la próxima vez que nos digamos que no podemos, o que haya molestia, nos acordaremos de la regla del 40 %, la cual nos recuerda que todavía tenemos combustible en el tanque y que tenemos la capacidad de llegar a la meta si así lo deseamos.

Dicho por el mismo Goggins, «no necesitas de aprobación externa; necesitas ver dentro de ti». En algún momento, todos nos topamos de frente con una pared y para atravesarla simplemente busca la puerta que te lleva al otro nivel. Nadie dice que los retos deben ser divertidos, pero sí efectivos. Estoy seguro de que dejaremos de hacerle caso al *yo crítico* cuando nos diga «no se puede».

Dejaremos de buscar o crear excusas y nos ocuparemos de ver nuestro potencial como ilimitado.

Finalmente, estoy seguro de que en vez de ver que llegamos a un punto de no volver, lo veremos como una oportunidad de demostrarnos que somos capaces de vencer y conquistar.

CAPÍTULO XII
UN BUEN MAESTRO DETRÁS DEL ÉXITO

*Detrás del éxito de cualquier persona
casi siempre hay un gran maestro.*
—Zalo García.

¿Sabes qué tienen en común personas como el gran tenista André Agassi, el gran nadador Michael Phelps o el más grande jugador de baloncesto de todos los tiempos Michael Jordan? Un gran o unos grandes maestros detrás de ellos. Todas las personas que tienen éxito, a menudo, se inspiran en otros o permiten que sean otros quienes los inspiren. No necesariamente suele ser un entrenador, puede ser un padre o una madre o ambos, un hijo, un amigo... Este maestro siempre está allí cuando lo requieres, hace lo que sea posible por sacar de ti lo mejor, te guste o no te guste, lo importante son los resultados. La siguiente fábula te ayudará a entender mejor, cómo mediante el estímulo y la constancia se pueden lograr cambios favorables a según sea el propósito fijado:

Hace un tiempo, cuando el frío invierno estaba terminando, había un pequeño gorrión en la rama de un árbol a punto de helarse. Estaba a punto de morir congelado, apenas le quedaban fuerzas y finalmente cayó de su rama al suelo completamente desfallecido. Gracias a la nieve que amortiguó el golpe, la caída no fue mortal. Sin embargo, apenas tenía fuerzas para levantarse y cobijarse, la muerte por congelación era inminente. Justo cuando estaba a punto de morir una vaca que venía de pastar se detuvo y defecó justo encima del gorrión cubriéndole con sus heces. «Lo que me faltaba» pensaría enseguida cualquiera. Pero aquella tragedia significó la salvación del pequeño gorrión, ya que las heces estaban calientes y desprendían un calor que derritió la capa de nieve y comenzó a reanimar al gorrioncillo. Las heces se secaron y le sirvieron de cobija durante unas horas, hasta que el sol empezó a salir aumentando la temperatura.

El moribundo gorrioncillo, al recibir el calor, empezó a reanimarse poco a poco. Cuando se recuperó, levantó la cabeza y muy contenta salió de las heces y empezó a cantar de felicidad.

Paradójicame

La moraleja de esta fábula es que no todo el que defeca sobre ti es tu enemigo y no todo el que te saca de las heces es tu amigo; y, aunque estés lleno de heces hasta el cuello, a veces es mejor mantener la boca cerrada. Esto es lo que hace un maestro, mentor, entrenador que desea ayudarte a sacar el máximo potencial de ti, te patea el trasero, te dice tú puedes, cree en ti cuando tú mismo a veces no lo haces, suma no resta, empuja no hala, hasta que hayas logrado tus metas. Muchas veces llegas a sentir que defeca sobre ti.

<u>André Agassi.</u>

André Agassi es mi jugador de tenis favorito, fue quien implantó una nueva forma exótica de vestir en el juego del tenis cuando lo conocido eran las camisetas y pantalones cortos color blanco. Agassi llegó con su estilo de cabellos largos, pintados, aretes y ropas coloridas, acompañado de un estilo de jugar que lo llevó a convertirse muchas veces como el número uno de la ATP (Asociación de Tenistas Profesionales). Pero no siempre fue así. Agassi parecía haber alcanzado la cima de su carrera, cuando todo comenzó a derrumbársele. Después de una infancia como niño prodigio del tenis, con solo 17 años entró en la clasificación de los primeros 25 tenistas mundiales y se hizo rico y famoso temprano. Su carrera parecía imparable y, sin embargo, al poco tiempo, se encontró con obstáculos enormes. Los resultados que buscaba ya no llegaban. André continuó jugando pero incapaz de comprometerse de verdad. Fue coleccionando numerosos fracasos deportivos. El Agassi simpático y querido por los fanes se transformó ante los ojos de sus colegas y del público en un hombre cínico y orgulloso. Los periódicos lo destrozaron. Empieza a tener pensamientos de suicidio y muerte, pierde la motivación, la confianza en sí mismo y es entonces cuando conoce al famoso *coach* motivador Anthony Robbins, quien empieza a trabajar con Agassi en todo aquello que había perdido. Su personalidad recupera popularidad, se alejan de él los pensamientos negativos que tanto lo habían obsesionado. La motivación, la energía, la confianza en sus capacidades empiezan a revitalizarse. André recupera una forma física estupenda y sus dotes de coordinación y velocidad. Recupera la determinación, la concentración, las ganas de vencer. El resto es historia. En solo dos años, gana cinco títulos prestigiosos acaparando, desde la posición 141° en 1997 hasta la cima de la clasificación mundial de tenis. A finales de 2006, a los 36 años, André Agassi se retira, pero permanece como uno de los deportistas más respetados del mundo. Un ejemplo de cómo en la vida se puede superar las dificultades si se saben utilizar los propios recursos y tienes contigo a alguien que hará lo necesario por sacarte adelante.

<u>Michael Phelps.</u>

Todos han escuchado hablar de él y muchos han visto sus hazañas a través de los juegos olímpicos. Considerado el mejor en su disciplina, la natación. En 2004 fue la sensación en los Juegos Olímpicos de Atenas, Grecia. En 2008, nuevamente en Pekín, superando con ocho medallas la marca de Mark Spitz de Estados Unidos, quien logró siete medallas en Múnich 1972. Seis medallas más se sumaron en los Juegos Olímpicos de Londres 2012. Luego de esto, anuncia su retiro; sin embargo, este no duraría mucho tiempo. Regresa dos años más tarde a las Olimpíadas de Río de Janeiro 2016, en donde consigue seis medallas más, consagrándose como el atleta olímpico con la mayor cantidad de medallas: 28 totales y 23 de oro. Michael Phelps es, sin duda, un ícono del deporte y de la historia de las Olimpíadas.

A la edad de once años, conoció a quien dicho por él mismo, sería su segundo padre, Bow Bowman, entrenador de natación que empezó a entrenar a Phelps cuando estuvo en Baltimore, Maryland, donde ayudó a producir tres campeonatos individuales, diez finalistas nacionales y cinco miembros del equipo nacional de Estados Unidos. Fue nombrado entrenador del año en 2001 y 2003 y entrenador de desarrollo nacional en 2002. Formó parte del equipo de entrenadores en varias Olimpíadas y otros muchos premios logrados en su carrera como entrenador en diversas universidades de los Estados Unidos.

En una entrevista realizada en la ciudad de México, Phelps menciona hechos interesantes como: «A veces me siento cansado y con dolores, no tengo ganas de hacer el trabajo, pero no dejo que esos pensamientos se interpongan y sigo para lograr mis objetivos». Comentó que por varios años entrenó sin descanso todos los días, provocando que entrenara 52 días más que el resto de nadadores, lo cual marcaría una diferencia. «Mi entrenador Bob y yo pensamos que, si queríamos un resultado diferente, teníamos que hacer cosas diferentes, entonces nadé 365 días al año. En natación para recuperar un día perdido, necesitas dos y, mientras los otros trataban de ponerse al día por los descansos, yo seguía adelante», dijo

Phelps. También reconoció que su modelo fue la estrella de la NBA Michael Jordan, quien nunca dejaba que nada se pusiera en su camino y trabajo duro: «Estaba en el pico de su carrera cuando lo vi en los años 90 ganando campeonatos tras campeonatos, lo que él hizo en el baloncesto es lo que yo siempre quise hacer en la natación».

<u>Michael Jordan.</u>

Propietario del equipo de la NBA Charlotte Hornets, es considerado por muchos como el mejor jugador de baloncesto de todos los tiempos. Ganó seis anillos de campeonato con los Chicago Bulls, diez títulos de máximo anotador, cinco títulos de jugador más valioso en una temporada, seis títulos de jugador más valioso en finales; ha aparecido en cincuenta ocasiones en la portada de la revista *Sports Ilustrated*, como deportista del año en 1991, mejor atleta del siglo XX según ESPN y número 2 del siglo detrás de Babe Ruth por Associated Press.

Michael Jordan perdía siempre contra su hermano Larry en el patio de su casa. No había partido ni enfrentamiento uno contra uno que el pequeño Mike abandonase con una sonrisa en su rostro. En aquellos años, el básquetbol estaba vinculado a la frustración. La derrota era un condimento adicional en su rutina, un elemento que se introducía con suma naturalidad en sus venas. «Gané la mayoría de los enfrentamientos hasta que comenzó a responder», dijo Larry, su hermano. «Y entonces fue el final de nuestros juegos». Una anécdota con su mamá dice: «Mamá, en realidad, quiero ser más alto». Y ella le contesta: «Pon sal en tus zapatos y luego reza». Cuando iba con su padre con la misma inquietud, este le decía: «Puedes ser tan alto como desees en tus pensamientos». Sin duda que los padres de Michael fueron la inspiración para ser quien es. Sin embargo, en su vida tendría otras personas que le ayudarían a elevar su nivel. Uno de ellos fue el entrenador de defensa de los Chicago Bulls Johnny Bach. Esto dijo el mismo Michael, luego del fallecimiento de Johnny Bach: «El entrenador Bach fue, sin duda, fue una de las mentes más grandes del baloncesto de todos los tiempos. Me enseñó mucho, me animó, trabajó conmigo y realmente ayudó a moldear mi juego profesional. Sin él no sé si habríamos ganado nuestros tres campeonatos consecutivos. Él era más que un entrenador para mí. Él era un gran amigo. Estoy profundamente triste por su muerte». Johnny Bach fue la mente maestra de la defensa como asistente del entrenador Phil Jackson con los Chicago Bulls cuando obtuvieron los tres campeonatos seguidos 1991-1993.

«El maestro mediocre cuenta. El maestro corriente explica. El maestro bueno demuestra. El maestro excelente inspira» —William A. Ward. Es simple, busca siempre tener a tu lado a esa persona que te empujará sin importar tus gustos. Un buen entrenador que tuve hace muchos años me dijo: «Tus gustos o disgustos no importan». Y entendí que, sean gustos o sean disgustos, ambos son complementos para justificar una buena excusa.

El poder de las metáforas.

Los grandes maestros han usado el lenguaje en forma de parábolas, alegorías e historias, todas repletas de metáforas para provocar una mejor comprensión de sus aprendices y facilitar así el aprendizaje porque estas expresiones metafóricas suelen ser expresiones con mayor impacto y por lo tanto, más duraderas y eficaces en la memoria de los oyentes. Es más fácil recordar un relato con el cual la persona se puede identificar, que con datos para ella, sin conexión ni relación. Si te fijas, en la vida cotidiana, incluso nuestros abuelos hablaban por medio de metáforas para expresar sentimientos profundos, fueran positivos o negativos. Y al hacerlo de esta manera, se clarifica mucho más el significado por esta comparación que suele ser muy acertada. En la programación neurolingüística se utilizan las metáforas para transmitir mensajes profundos y que cada persona haga su interpretación según sus programas. De esta manera cada persona entenderá el mensaje a su manera y para beneficio propio, fomentará cambios y encontrará soluciones a situaciones que parecían insalvables. Los sueños están llenos de metáforas, algunas incomprensibles, porque es la mente, inconsciente, la que los elabora, mezclando simbolismos con eventos reales. Pero, ¿qué es una metáfora? La palabra metáfora se deriva del vocablo griego «Metaphorá» que significa «llevar más allá». Se trata de llevar una palabra desde su sentido concreto a un significado simbólico. Por ejemplo, cuando se dice «los ojos son como esmeraldas», para enaltecer la cualidad verdosa de los ojos. En el lenguaje metafórico se utiliza la creatividad y la imaginación. Ilustra de forma sencilla una idea, una sensación, una emoción y el receptor filtra mucho mejor una imagen. Desde el punto de vista de los hemisferios cerebrales, el izquierdo es racional y el derecho es creativo, las metáforas influyen mucho más sobre el hemisferio derecho que el izquierdo. El hemisferio izquierdo entiende las palabras por sí solas, y el hemisferio derecho les da el significado para que llegue el mensaje al inconsciente. Mientras más sencilla sea la metáfora, más fácil será de entender y el consciente la captará mejor. Las metáforas comunican de forma indirecta y resulta ser una de las herramientas más poderosas para transmitir mensajes profundos para generar reflexión.

Todo lo anterior expuesto, describe el rol de un maestro detrás del éxito como lo fue también David Goggins con Jesse Itzler en el capítulo anterior. Utilizando el poder de la metáfora podría decir: «Un maestro es como un brujo, que busca un aprendiz a quien enseñarle todos sus secretos». En algún momento, tú mismo te convertirás en el maestro de alguien más, por el momento te digo: «Aprende de tu maestro y explota todo tu potencial».

CAPÍTULO XIII

AVANZAR Y EL EFECTO GANADOR

*No se puede avanzar en el conocimiento si la razón no
cuenta con la imaginación, no habría creación.*
—Albert Jacquard.

Hasta aquí, ya hemos revisado una buena cantidad de recursos y herramientas para avanzar en logro de tus metas y objetivos. Sólo debes creer en ese ser tan maravilloso que eres tú y como decía aquella película de Al Pacino Cara Cortada «El mundo es tuyo».

Tal y como indica su significado, <u>avanzar</u> es ir hacia adelante. Nada permanece estático en la vida, cada día crecemos y nos hacemos más viejos, así mismo los competidores en una carrera inician la acción que los acerca a la meta, como el estudiante que inicia su año escolar y lo acerca más a obtener un título, todo en la vida avanza, pero quien no espera y nos recuerda que debemos avanzar es el tiempo. El tiempo puede ser tu aliado, él te recordará cuando no hayas cumplido con tus promesas y créelo que nunca olvidará tus sueños, porque en el momento en que decidiste lograrlo el tiempo te hará toda la presión necesaria para que los alcances.

Avanzar es fluir con el tiempo; es acercarse, cada vez más, a aquella meta o aquel objetivo, no importa si te has retrasado ni las razones. Una vez estás listo para avanzar sólo necesitas decidirlo y ponerte en marcha hacia adelante. Por alguna razón, nuestro creador nos dio los ojos en la parte frontal del rostro y no en la parte posterior de la cabeza, porque sólo se avanza hacia adelante y no hacia atrás. Sólo se crece y se aprende avanzando; el pasado nos enseñó y cumplió su cometido, nada más…nada menos. A lo largo de la vida aprendemos de otras personas la mejor forma de hacer esto y lo otro, al punto que muchas veces terminamos emulando a otros para vivir nuestra propia vida. Olvidamos un principio básico y es que nadie puede vivir la vida de otro, sino su propia vida. Lo que trato de decirte es, que tomes aquellas cosas que te hagan sentido y haz una colorida mezcla de matices acordes a tu medida. Como cuando vas al almacén a comprar una camisa, seguro no compras aquella que te queda grande y tampoco te decides por la que sientes muy ajustada, ¿cierto? De la misma forma, tú puedes crear una vida acorde a tus gustos, valores, principios y metas. La puedes cambiar, moldear y modificar de acuerdo a tu necesidad. No temas en agregar nuevos ingredientes a tu receta, como diría el Chef Ferran Adriá «La cocina de autor es poner tu personalidad en lo que haces y ese sentimiento lo convierte en algo distinto». Es tu receta y lleva el sello y distinción especial de ti mismo.

Una vez hayas diseñado la vida que quieres vivir, es momento entonces de empezar con la creación de hábitos que vayan de la mano con la vida que elegiste vivir. Tómate el tiempo para hacer un inventario de aquellos hábitos que crees son necesarios, para tu nuevo esquema de vida y luego, separa aquellos con los cuales no cuentas en este momento. Ellos son tu nuevo reto, hasta que logres incorporarlos a tu rutina diaria y se anclen en ti. De la misma forma, como un nuevo hábito reemplaza a uno viejo, de la misma forma estos nuevos hábitos para ti aportaran nuevos resultados a tu vida en adelante para el avance. Como el pintor que toma un lienzo en blanco y empieza con su pincel a plasmar colores, hasta lograr su pintura. El escultor que toma una piedra en bruto y con su cincel esculpe una majestuosa obra de arte. De la misma forma, incorpora tus sueños e imaginación hasta darle vida. Es aquí en donde podemos utilizar el concepto de *«reinventarse»*, el cual nace de una necesidad de hacer cambios y que muchas veces, son originados por nuestro entorno exterior; sin embargo lo importante es el mensaje que nos aporta la palabra reinventarse en sí misma. Nos da la posibilidad de cambiar siempre que no estemos conformes con nuestros resultados o bien, con nosotros mismos. Es importante y crucial en este proceso de diseño o de reinventarse, el estricto sentido de auto crítica que nos hagamos a nosotros mismos. De esta forma, lograrás acercarte aún más al ideal que anhelas. Sólo siendo extremamente auto críticos, podemos hacer los ajustes necesarios una y otra y las veces que sean necesarias.

Al respecto de lo arriba expuesto, un viejo y buen amigo (lo digo por los años que han pasado y no por la edad) y mentor que me guio en mis inicios por esta travesía de la superación personal y el liderazgo, me dijo: «No importa la forma o método que uses, sólo importa el resultado». Me di cuenta inmediatamente que no se trata de demostrar a nadie absolutamente nada y tampoco ponerme a prueba yo mismo, se trata únicamente de alcanzar mis sueños, de lograr mi satisfacción personal, de vivir mi vida a plenitud y no dejar sueños inconclusos. Tony Robbins a quien admiro desde hace muchos años, dijo una vez: «Si lo hablas es un sueño; si lo visualizas es emocionante; si lo planeas es posible; pero si lo decretas y le pones fecha es real». Lo cierto es, que cada sueño que tenemos si no va acompañado de una determinación tan intensa en nosotros mismos, capaz de convertirse en compromiso, probablemente solo se quede en una emoción efímera, una visión momentánea que vino y se fue. Entre más fuerte es el deseo más fuerte será nuestra determinación y entre más fuerte es nuestra determinación más fuerte es nuestro compromiso. El deseo es lo suficientemente fuerte y grande cuando eres capaz de defenderlo y protegerlo a pesar las circunstancias internas y externas de tu entorno. Un estudio de la universidad de Harvard demuestra que aquellas personas que tienen metas tienen diez veces más éxito que aquellos que no tienen metas, y aquellos que las anotan tienen tres veces más probabilidades de lograrlas que aquellas que no lo hacen. Es aquí donde decides avanzar y dar lo mejor de ti, para alcanzar tus sueños, cumplir tus metas y realizar tu propósito de vida. Hago una pausa hasta aquí y te pregunto: ¿Cómo decides vivir tu vida en adelante?

Te contaré una historia que me parece interesante y acorde con los anteriores planteamientos: «En un antiguo reino había un hombre reconocido por su gran sabiduría. Al principio sólo aconsejaba a sus familiares y amigos más cercanos. Su fama creció tanto que al soberano lo llamaba frecuentemente para consultarle. Tiempo después, llegaban personas de todas partes, para recibir sus sabios consejos a diario. Sin embargo, el sabio notó que había varios que iban todas las semanas. Lo peor es que siempre le contaban los mismos problemas, luego escuchaban el mismo consejo, pero no lo ponían a práctica. Un día, el sabio reunió a todos esos consultantes frecuentes. Luego les contó un chiste tan divertido que los llevó a todos a ahogarse de risa. Luego, espero un rato y volvió a contar el mismo chiste. Siguió contándolo por tres horas. Al final, cuando todos estaban desesperados, el sabio les dijo: ¿Por qué no pueden reírse varias veces del mismo chiste, pero sí pueden llorar mil veces por el mismo problema?». La historia confirma que tú decides cómo avanzas en la vida y día tras día, si eliges seguir sufriendo por aquello que quedó atrás, lamentando más adelante lo que dejaste de hacer o bien, sonriendo, determinado, sin miedo al éxito.

En el camino de la vida surgirán muchos obstáculos y dificultades, pero siempre debes tomar en cuenta que ellos son parte de la existencia y están para ser superados. Son nuestro camino a obtener sabiduría y juicio. Es por ello que siempre digo, da gracias al universo por las dificultades que te haya puesto en tu camino, porque sólo así lograrás expandir tu experiencia y a resolver futuras adversidades. Tomando como referencia los deportes, no reacciona igual alguien que nunca ha sido derrotado y que tarde en su carrera lo experimenta, a alguien que temprano experimentó la derrota y le funcionó como aprendizaje en adelante. Esto me recuerda el Superbowl o Super Tazón XLII, jugado el 3 de febrero de 2008 entre los New York Giants y los New England Patriots. Los Patriots llegaron invictos a dicho evento, siendo favoritos por doce puntos en las apuestas para ganar la gran fiesta. Por su parte, los Giants llegaron con un récord de diez victorias y seis derrotas, sin embargo pudieron derrotar a los Patriots, terminando con su temporada perfecta. Una de las mayores sorpresas que se conocen en la NFL. Puedes imaginar ¿Cómo recibieron los jugadores de los Patriots esa única derrota en toda la temporada? ¿Y siendo el juego más importante del año? A esto me refiero cuando hablo de una adversidad temprana y otra cuando nunca la esperas. Alguien me dijo una vez «los problemas hay que resolverlos inmediatamente» y tiene toda la razón, no hay por qué postergar un problema o una tarea o cualquier acción que debas afrontar. Postergar las cosas no harán que desaparezcan, así no funciona la vida. Las cosas en sí no mejoran por un deseo, si mejoran es porque algo hiciste para cambiar y mejorar. En su libro Tus Zonas Erróneas, el Dr. Wayne Dyer tiene un capítulo llamado «Terminando con las postergaciones ahora mismo» y en el mismo cita una idea muy clara dicha por Donald Marquis sobre qué es la postergación

«El arte de estar al día con el ayer». Por estas razones, se debe tomar en cuenta que avanzar no es una simple opción, es una decisión determinante que toma coraje y valentía al saber que te encontrarás con eventos que pondrán a prueba tu fortaleza y cuestionaran cuál es el precio que estás dispuesto a pagar por la vida que realmente quieres vivir y lograr los sueños y metas que quieres alcanzar. Avanzar es prepararse para la guerra, tomando una batalla a la vez, manteniendo el enfoque siempre de cuál es la meta. Avanzar no es decir mañana sigo, es accionar ya, hoy mismo, ahora. Es enfrentar tus gustos o disgustos y saber que no importan. Avanzar es dar más del 40% día tras día y no bajar la guardia hasta lograr tus metas.

¿Cuál es la idea de avanzar? ¿Por qué o para qué debemos avanzar?, nada es más importante que lograr nuestras metas, ya lo hemos visto, sin embargo, ¿qué tal si incorporamos el estímulo de ganar? El doctor Ian Robertson fue el creador del libro *El efecto ganador*. Neurocientífico y psicólogo clínico, explica cómo tras ganar una primera prueba aumentan las probabilidades de ganar la siguiente por causas fisiológicas. La química cerebral se altera cuando procedemos a jugar o competir. En este momento se aumenta un 33% los niveles de testosterona en la sangre. El aumento de testosterona alimenta la necesidad de perseguir el éxito en el juego o competencia. Como consecuencia, interviene la dopamina, el neurotransmisor del placer y, en este caso, asociado al éxito que se busca. Todo esto produce una actitud competitiva con el propósito de ganar y al mismo tiempo nos vuelve más seguros y enfocados en la meta final que es obtener el triunfo. Este proceso cerebral tiene un efecto que puede perdurar en el tiempo, ya que la experiencia asociada a la recompensa que es la victoria se almacena en el cerebro y nos anima a repetirla para volver a experimentar la satisfacción de haber ganado.

La siguiente historia encierra la idea de avanzar y el efecto ganador.

Se encontraba un hombre abriendo un hueco en la tierra para plantar un pequeño árbol de mandarinas. Hacía mucho calor, pero el hombre estaba determinado a culminar con su tarea ese mismo día. De repente, se topa con una piedra que impedía seguir adelante con su trabajo. Un anciano que prestaba atención a aquel hombre, se le acerca y le pregunta: ¿Qué te ocurre?, el hombre le contesta: estoy haciendo un hueco para plantar este pequeño árbol de mandarinas, pero me he encontrado con una piedra que me cuesta sacar. El hombre hace un mayor esfuerzo y logra sacar aquella piedra, la muestra al anciano diciendo: aquí está, me ha costado mucho, pero lo logré. El anciano entonces le responde: déjala a un lado y sigue cavando, tal vez te encuentres dos piedras más. El hombre se sorprende por lo dicho por aquel anciano y continuó cavando. Al poco tiempo, se encontró con otra piedra y le dice al anciano, tenía usted razón, hay otra y es más grande que la anterior. El anciano que estaba sentado cerca de aquel hombre le contesta: veo que estás cansado. ¿Qué harás?, el hombre contesta, sí, estoy cansado, tengo ganas de dejar el trabajo y terminar mañana. El anciano le responde, ¿Crees que es lo mejor?, pues no, contesta el hombre y sigue con un mayor esfuerzo y con más tiempo logra sacar la segunda piedra que enseña al anciano diciendo: aquí está la segunda, el anciano le dice, colócala junto a la primera y continúa. El hombre ya exhausto por el esfuerzo que había realizado, al sacar las dos piedras, sigue cavando y no tarda mucho cuando se encuentra una tercera piedra mucho más grande que las dos anteriores. Mira al anciano y le dice: otra y es más grande que las anteriores. Ya estaba cerca de oscurecer y el anciano le pregunta: ¿Qué vas a hacer?, el hombre le contesta: me ha costado mucho lograr esto, estoy cansado y no me quedan fuerzas. El anciano le responde: noto tu cansancio, pero noto también tu determinación. Aquellas palabras fueron determinantes para que el hombre luchara por lograr sacar aquella tercera piedra y no fue sino hasta ya entrada la noche, cuando por fin logró sacarla. ¡Al fin!, exclamó totalmente agotado y sin fuerzas mostrando la piedra al anciano, quien le contesta: colócala al lado de las otras dos y dime ¿Qué ves?, el hombre mira las tres piedras y contesta: veo que cada una es mayor que la otra. ¿Y qué más?, vuelve a preguntar el anciano. Me doy cuenta que cada una me ha costado mucho sacarla, contesta el hombre con una voz que apenas le salía debido al cansancio. El anciano le sonríe y le dice: así es la vida, hay que avanzar sin parar, tomando las pequeñas piedras como grandes triunfos que te servirán para superar un segundo obstáculo que será aún mayor y demandará más de ti. Solo cuando estés preparado para avanzar más, entonces encontrarás una tercera piedra que deberás vencer; pero cuando esta se presente querrá decir que estás preparado y listo para vencerla; de otro modo no se presentaría.

La anterior historia se llama *Las tres piedras* y aquel hombre he sido yo mismo y el anciano es mi yo supremo. Lo anterior, es un ejemplo simple de un diálogo interno y cómo se logra representar y crear un relato que encierra una gran enseñanza.

CAPÍTULO XIV

REINVENTARSE

*Uno debe reinventarse a sí mismo todos los días
y no sentarse a ver cómo el mundo pasa,
sin que uno participe.*
—**Ray Bradbury.**

Charles Darwin es conocido como el padre de la teoría de la evolución. Un concepto que hoy día tiene una importancia e impacto profundo en la gran mayoría de los seres humanos en todo el mundo. Como ya hemos mencionado en el capítulo anterior, el concepto reinventarse surge por una necesidad interna o externa y puede ser impulsada en cualquier área de nuestra vida. Este concepto indica que pasas de una idea o forma que ya no funciona, a algo que se espera funcione. Lo cierto es que ambos conceptos reinventarse y evolucionar van muy ligados entre sí, ya que ambos consideran el crecimiento y el cambio moderado de formas, ideas y actitudes. Ya decía Charles Darwin: «No es la especie más fuerte la que sobrevive, ni la más inteligente, sino la que responde mejor al cambio»

El concepto de reinventarse ha crecido en los últimos años debido a la crisis económica y social que viven nuestros países latinoamericanos. La actual pandemia mundial que vivimos con el COVID-19 y que ha cobrado la vida de millones de seres humanos, causando pérdidas económicas impensables y ha generado otros miles de desempleos, lleva a muchas personas a reinventarse y dejar de ejercer las profesiones a las cuales estaban acostumbrados y para los que muchos incluso han estudiado y se han preparado durante toda su vida. Lo cierto es que podemos entonces definir reinventarse como «Una nueva oportunidad de realización». Y es esto lo que nos proporciona la reinvención, un nuevo nacimiento a la vida en cualquier área que deseemos y como lo mencionamos anteriormente, es algo que podemos hacer las veces que sean necesarios. Tal y como hemos dicho ya «Somos el hardware y no el software» podemos aprender, desaprender y volver a aprender cuantas veces así lo queramos.

El siguiente relato nos ofrece claramente lo que tratamos de explicar sobre la oportunidad de realización. «Un maestro samurái paseaba por el bosque con su discípulo, cuando divisó a lo lejos un sitio de apariencia pobre y decidió hacer una visita a este lugar. Al llegar a aquel sitio pudo constatar el nivel de pobreza, una pareja y tres hijos vestidos con ropas sucias y descalzos; la casa pequeña de madera. Se acercó al padre de la familia y le preguntó: «En este lugar donde no hay posibilidad de empleo y tampoco puntos de comercio, ¿Cómo hacen para sobrevivir?». El señor le responde: «Amigo mío, nosotros tenemos una vaca que da varios litros de leches diariamente. Una parte de la leche la vendemos o la cambiamos por otros productos en la ciudad vecina y con la otra parte hacemos queso y otros productos lácteos para nuestro consumo. Así es como sobrevivimos». El sabio agradeció la información, miró el lugar por un momento, se despidió y se fue. A la mitad del camino se voltea hacia su discípulo y le ordenó: «Busca la vaca, llévala al precipicio que hay allá enfrente y empújala por el barranco». El joven admirado y asustado, mira al maestro y le respondió que la vaca era el único medio de subsistencia que tenía esa familia. El maestro permaneció en silencio y el discípulo cabizbajo fue a cumplir la orden. Empujó la vaca por el barranco y la vio morir. Aquella imagen quedó grabada en su memoria por muchos años. Un buen día, agobiado por lo que había hecho, el joven decidió abandonar todo lo que había aprendido y regresar a aquel lugar. Quería confesar a aquella familia lo que había hecho, pedirles perdón y ayudarles. Así lo hizo. A medida que se acercaba a aquel lugar, veía todo muy bonito y cambiado, una casa bonita con un auto en la entrada y algunos niños jugando en el jardín. El joven se sintió triste y desesperado imaginando que aquella familia había tenido que vender su propiedad para sobrevivir. Al llegar al sitio lo recibió un hombre muy amable. El joven preguntó por la familia que vivía antes allí hace unos años atrás. El hombre le respondió que seguían viviendo allí. Incrédulo, el joven entra corriendo a la casa y puede confirmar lo que el hombre le había dicho. Era la misma familia que había visitado antes con su maestro. Le preguntó al señor dueño de la vaca: «¿Cómo hizo para mejorar este lugar y cambiar de vida?». El señor entusiasmado le respondió: «Nosotros teníamos una vaca que cayó por el barranco y murió. De ahí en adelante nos vimos en la necesidad de hacer otras cosas y desarrollar otras habilidades que no sabíamos que teníamos. Así alcanzamos el éxito que usted puede ver ahora».

¿Cuántas veces nos aferramos a aquellas cosas por el simple hecho que nos proporcionan comodidad? Otras veces no somos capaces de dar ese primer paso hacia una vida llena de oportunidades. Y tal como dice una frase de la película *Diary of a mad black woman* o en español *Diario de una Loca Mujer Negra* que dice «Algunas veces nos aferramos a las cosas que Dios mismo está tratando de quitarnos».

Una herramienta muy útil para llevar a cabo un proceso de reinversión es precisamente la PNL o Programación Neurolingüística y para ello explicaremos de qué se trata y cómo se origina. La PNL (Programación Neurolingüística) la cual hemos mencionado anteriormente, es el estudio de la experiencia subjetiva. Un modelo coherente, formal y dinámico de cómo funciona la mente humana, de cómo las personas estructuran, perciben, representan y comunican su experiencia y las diferentes implicaciones que esto tiene en el éxito personal. Es una metodología basada en la presuposición de que todo comportamiento tiene una estructura y esa estructura puede ser modelada, aprendida, enseñada y cambiada o re programada y en nuestro caso hasta reinventada. La PNL ofrece a las personas la posibilidad de conocer sus procesos internos, y de actuar sobre ellos modificándolos utilizando técnicas sencillas. Incorpora material teórico de distintos campos como la cibernética, la lingüística, teoría de sistemas, psicoterapia, teoría de la personalidad, hipnosis y neurofisiología. El nombre contempla tres elementos fundamentales que producen la experiencia y la conducta humana: Neurología, lenguaje y programación.

Neurología:

El término «*Neuro*» proviene del griego Neuron o nervio y recoge la idea fundamental de que nuestro comportamiento proviene de nuestros procesos neurológicos. Percibimos la realidad a través de nuestros sentidos, pero le damos significado mediante un proceso de interpretación subjetivo a través de nuestros filtros y actuamos según ello.

Lenguaje:

El término lingüística derivado del latín «*lingua*», indica que usamos el lenguaje verbal y no verbal para ordenar nuestros pensamientos y conductas, para así construir nuestra realidad y comunicarnos con los demás.

Programación:

Se refiere a los programas de comportamientos que producimos, entendiendo por programa como el modo elegido para ordenar una secuencia de ideas y acciones con el fin de producir resultados. En PNL el concepto programa proviene de la informática y se homologa al concepto de estrategia. Una parte esencial de cómo utilizar la PNL en el proceso de reinventarse es adentrase en las creencias de la persona. Las creencias determinan nuestra percepción del mundo. Son afirmaciones contundentes acerca de algún aspecto de la realidad. Involucra dos elementos inseparables: una idea y un sentimiento de certeza que le acompaña. Si no existiese este sentimiento, la idea sólo sería una opinión. Y una opinión no ofrece resistencia al cambio, cosa que sí hace una creencia. Las creencias son paradigmas, son modelos que utilizamos para reconocer la realidad, nuestra realidad y que usualmente le llamamos limitantes, precisamente porque no dan paso a otra aseveración contraria o diferente. Con ellas percibimos el mundo de un modo particular. Una vez que nos identificamos con una creencia, no nos cuestionamos en qué medida ésta limita nuestras percepciones y posibilidades. Vemos nuestra realidad a través de ellas creyendo que realmente sabemos cómo es el mundo y orientamos nuestras acciones de manera de comprobar estas creencias al punto que nos mantenemos fieles a nuestra razón. Tal vez en este momento, te estés haciendo algunas preguntas sobre tus propias creencias y es que muchas veces cuando las confrontamos y creamos reflexiones, podemos tocar ese núcleo duro de las creencias y crearnos dudas sobre las mismas. La duda promueve la búsqueda de nuevas referencias que sostengan o expliquen lo que sucede. Cuando las nuevas evidencias se vuelven consistentes se puede reformular la creencia, el paradigma. Es así como se producen los cambios en la percepción del mundo en general y se nos facilita el proceso de reinventarnos. A menos que las creencias y los valores cambien, los nuevos procesos no funcionaran.

Valores.

Otro de los conceptos que debemos tomar en cuenta en nuestro proceso de reinventarnos son los valores.

Conocer nuestros valores permite comprender las decisiones y prever con precisión reacciones futuras. Los valores son las actitudes personales por los cuales evaluamos nuestras experiencias que determinan nuestra conducta. Los valores están influenciados por nuestra cultura, familia, educación, ideología, religión, etc. También nuestra experiencia de vida va marcando nuestros valores, así como la personalidad. Los valores entre personas no son los mismos. La escala de valores, el orden de importancia que le doy a las cosas no tiene porqué ser idéntico al de otras personas. Además son aquellas cualidades que se destacan de cada individuo y que, le impulsa a actuar de una u otra manera.

Entonces, tenemos dos variables que deben ser tratados en todo proceso de reinvención, las creencias y los valores utilizando como herramienta la PNL.

Existe una anécdota del gran pintor Picasso que sirve para explicar el concepto de realidad: «Un extraño se le acerca al maestro y pregunta por qué no pintaba las cosas tal y como eran en realidad. Picasso, confundido contesta: No acabo de entender lo qué quiere decir. El hombre saca una fotografía de su esposa y le dice: Mire, como esto. Así es mi mujer de verdad. Picasso parecía incrédulo y le contesta: Es muy pequeña, ¿no? ¿Y un poco plana, cierto?». Es la «realidad» que ves y que te rodea en este preciso momento, los problemas, conflictos que parecen no tener solución, son «tu propia y particular manera de ver el mundo», entonces siempre hay otra manera de ver la realidad.

En todo este proceso de reinventarse, aprender es una prioridad. Es la mejor inversión de tiempo que podrás hacer. Y te permitirá aclarar dudas, pero lo más importante es que estimulas el cerebro y de paso te auto motivas para el logro de tu meta.

En una entrevista Isaías Sharon nos da una excelente respuesta sobre el proceso de reinventarse. «Reinventarse es un proceso permanente que se relaciona con la madurez y crecimiento personal. Desde que nacemos nos estamos reinventando, redefiniendo y buscando aquello que nos haga sentido. Algunas veces nos aferramos a algunas ideas que nos dificultan cambiar, o podemos caer en un cambio tan vertiginoso que no se confunde lo que somos como personas, que es nuestra identidad. Cambiar y reinventarnos es lo que debiéramos hacer cuando no le encontramos sentido a aquello que dedicamos nuestros días, cuando no solo las inquietudes aumentan, sino que la necesidad de propósito despierta y nos pide algo diferente».

CAPÍTULO XV

DOCE CLAVES PARA EL LIDERAZGO

En el siguiente siglo, los líderes serán aquellos
que impulsen a otros.
—Bill Gates.

Cuando decidí escribir este libro fue con la idea y el compromiso de llegar a tantas personas como me fuera posible con una sola cosa en mente, <u>ayudarles a mejorar su vida</u>.

SEAL es primero *Ser*, descubrir quién eres en realidad y cuál es tu propósito de vida. A partir de allí, estás listo para convertirte en *Exitoso* en lo que vayas a emprender siendo *Audaz* para vencer los obstáculos y dificultades que se presenten a lo largo del camino para finalmente convertirte en un verdadero *Líder* capaz de realizar grandes cosas con todo el potencial que descubras llevas en ti. Esto es mi significado de *SEAL*. No existe diferencia entre los retos que se viven en la preparación de un Navy SEAL o aquellos que vivimos las personas común y corriente como tú o como yo, pero sí existen enseñanzas en sus técnicas y que estoy convencido nos pueden ayudar a hacer más fácil el camino hacia esa vida que tanto deseamos vivir.

Este capítulo está enfocado en algunas prácticas claves que debe poseer un líder para destacar y obtener los resultados que se esperan. Mi trayectoria como Director Financiero y Coach por más de 30 años, me han permitido conocer los errores más frecuentes que cometen los directivos de una corporación, los coaches de equipos deportivos, sumado a los años de estudios y modificaciones hechas en mi estilo de liderar, me ha proporcionado datos que quiero compartirte. Tal vez algunos ya los pones en uso, tal vez no. Lo cierto es que el liderazgo empieza por uno mismo. Liderar es un arte y tú, como artista, le pones el valor agregado. Cuando hablo de líder no me refiero al promedio, me refiero al líder grado A+ aquel que es excepcional, el que obtiene resultados y su estilo es reconocido y admirado por sus superiores y aún más por sus subalternos. Un líder A+ es aquel que ha pulido quién es, iniciando consigo mismo. Muchos pueden hacerse llamar líderes, pero pocos son los que están dispuestos a tomar las riendas de todo los compromisos que debe abarcar un verdadero líder. Estas doce claves para el liderazgo, expuestas a continuación, aplican en cualquier medio que te muevas y aunque utilizo ejemplos corporativos, no los limita. El verdadero líder lo es en su entorno cotidiano cualesquiera que éste sea.

Humildad no ego.

El primer esfuerzo de todo líder es separarse de su ego. Los mejores líderes no son impulsados por su ego personal, ellos se enfocan en los objetivos y la mejor manera de lograrlos. Esto implica que el líder debe involucrarse con su equipo, escucharlo y tomar en cuenta las observaciones que se le da; para luego evaluarlas y tomarlas o desestimarlas de acuerdo a su propio criterio. Debe tener la humildad para aceptar sus propios errores y falencias, para así mejorarlos. No hay nadie a quien culpar por las fallas, recuerda que tu equipo es parte de tu mundo en ese momento y en tu mundo tú eres el único responsable nadie más. Una de las razones más poderosas para que un líder falle es la falta de humildad. Un líder sin humildad no reconoce responsabilidad y el no conocer responsabilidad es una forma de decir que carece de control sobre su equipo. Sin humildad no es capaz de ver otras opciones, simplemente porque mantiene una mentalidad cerrada. Si no puedes cambiar, simplemente fallarás. Cuando el ego es demasiado grande se convierte en un enemigo muy poderoso que causará más daño que beneficio. Asegúrate de no utilizar el dedo para culpar a otros, cuando cada misión asignada a tu equipo es tu responsabilidad, entonces el dedo debe señalarte a ti mismo. En una batalla no se puede culpar al enemigo porque no estás listo. Recuerda que un buen líder no necesariamente lo sabe todo, pero se asegura de aprender. La humildad lo lleva a querer conocer más y a compartir sus conocimientos.

Sentido de pertenencia absoluta.

Tal vez estás pensando que me refiero al cuidado de bienes materiales, pues no. Me refiero al activo intangible y que es capaz de lograr resultados visibles, en un estado de ganancias y pérdida si lo vemos dentro de una corporación o el logro de un título si es en el campo de los deportes. Me refiero a tu equipo de colaboradores, jugadores y coordinadores, así como tus objetivos. Llegar a desarrollar el sentimiento de pertenencia va más allá del hecho de sólo ser responsable por ello. Sentir pertenencia, trae consigo dedicación, seguimiento, compromiso porque tu sello está puesto allí. No conozco ningún líder que logre sus objetivos sin un equipo que lo ayude a lograrlo. Es por eso que siempre he dicho que los resultados dicen mucho de la forma de liderar un equipo. Tu equipo de colaboradores te pertenece, pero no como un algo, sino como un alguien a quien debes proteger, guiar y moldear para el logro de los objetivos que es la meta. De igual forma tus objetivos deben ser aceptados y cuidados hasta su cumplimiento definitivo. Debes ser capaz de reconocer de forma inmediata cuando algo no esté funcionando dentro de tu equipo, porque cada cosa que afecte al equipo afecta el objetivo. Cuando logras tener el sentido de pertenencia absoluta te aseguras de eliminar por completo la evasión de responsabilidades, porque en vez de tratar de averiguar a quién culpar, como equipo intentaran solucionar sus problemas. El sentido de pertenencia absoluta también se refiere a las directrices que vienen de arriba, de lado y hacia abajo en una estructura jerárquica organizacional, los procesos y políticas que regulan el funcionamiento administrativo. En otras palabras es conocer el campo de acción.

<u>Claridad con tu equipo.</u>

Hemos dejado claro que el cumplimiento de los objetivos es la prioridad de cualquier líder y la razón principal por la cual se te ha encomendado la misión. Las directrices que recibes como líder, debes a su vez transmitirlas a tu equipo y para ello debes estar 100% claro que las entiendes y conoces el ¿por qué? de las mismas. Si tienes dudas, pregunta. Si tienes observaciones, hazla porque una vez hayas recibido las instrucciones, debes de igual forma transmitirla a tu equipo. Uno de los errores que he visto con mayor frecuencia en este punto es asumir. Cuando asumes que tu equipo comprende los objetivos como lo haces tú, te aseguro que estás perdido. Es importante que siempre se explique no sólo cuál es el objetivo, sino también el porqué de éste. El día a día debe estar regido por un objetivo y no por el cumplimiento de una jornada laboral. Esto marcará la diferencia en el enfoque diario del equipo. Una tarea completada es un paso más cerca del objetivo. Repasar con frecuencia, los avances y estatus de los objetivos es una de las mejores formas de integrar al equipo. Escuchar de parte de ellos mismos los comentarios y retroalimentarlos les ofrece mayor confianza como unidad.

<u>Simplifica el plan.</u>

Casi siempre se debe ajustar un plan, porque no siempre sale como fue planeado. Entonces, ¿para qué complicarse?

Un plan puede contener muchas variables que deben ser cubiertas y ante una modificación, corre peligro de que la reacción del equipo no sea lo suficientemente rápida como para aceptarla. Ante este riesgo, el diseño de un plan simple asegura que todos lo conozcan con facilidad. Entre más variables contenga el plan más se complica el enfoque principal. Recuerdas la técnica que mencionamos anteriormente de segmentación. La segmentación ofrece la ventaja de enfocar la atención en un logro a la vez y he aquí que entre menos segmentos contengas, mayor motivación obtendrás; ya que te acercas rápidamente al objetivo y no haces el camino más tedioso. Menos es más, menos segmentos es más motivación y más motivación trae consigo mayor concentración que reduce los errores y menos ajustes para realizar al plan.

<u>Mapea, prioriza y ejecuta.</u>

Un líder siempre mantiene control de un mapa general que contiene entre otras cosas, el plan o los planes de ejecución. Un mapeo contiene las técnicas utilizadas en un esquema de liderazgo. Tomamos el ejemplo de un objetivo general de hacer crecer un negocio en un 20% de ganancia y a partir de allí empieza el mapeo general que contiene planes tales como: crecimiento en ventas, reducción de costos, mejoramiento de tecnología y reducción de procesos. En otras palabras, el conjunto de planes y sus respectivos indicadores forman un gran y único mapa del objetivo central. Una vez tienes el mapa del objetivo claro, se establece la prioridad de los planes y a su vez, de las tareas en función de tiempo de realización. La prioridad se mide por tiempo y debes asegurar los recursos para la realización de las prioridades. Un antiguo jefe que tuve siempre mencionaba este dicho «un indio a la vez» para hacer referencia a las prioridades que se le daban a las tareas. Entonces recuerda siempre, un indio a la vez y no te compliques. Ahora imagina lo siguiente, ya tienes el mapa completo, los planes establecidos y en ejecución de acuerdo a las prioridades, ¿Qué haces si simultáneamente empiezan a tener problemas todos los planes al mismo tiempo? Como un buen líder, debes mantener la calma y tomar las mejores decisiones con todas las técnicas que hemos visto en los capítulos anteriores. Recuerda que algunos podrán entrar en pánico, frustración y otros estados mentales que no permiten ver soluciones. Es aquí cuando el verdadero líder encausa su equipo devolviendo la confianza, sin perder de vista el norte.

<u>Cree firmemente en el objetivo y los planes.</u>

Una vez estás seguro sobre el objetivo inicialmente, debes creer firmemente en él. La razón principal es que al llegar a tu equipo debes hacer que sientan tu compromiso completo con dicho objetivo. Nada puede ser peor que la justificación negativa de «no depende de mí, las instrucciones vienen de arriba». Si no estás convencido sobre algo o no estás claro con las estrategias a seguir, entonces asegúrate de hacerlo antes de llegar a tu equipo. Tu equipo te ve como un líder, alguien competente capaz de encontrar soluciones cuando parece que no las hay. Empieza creyendo tú y transmite esa misma confianza de logro al resto. Estarás creando un ambiente de positivismo y compromiso total.

<u>Sé audaz.</u>

Asegura la integración de equipos que trabajan en diferentes planes, porque todos van hacia un fin común. El seguimiento del mapeo te ayudará a cubrir los espacios donde pueda haber debilidades o problemas. Debes ser capaz de anticipar los riesgos. Si el grifo está goteando agua, lo reparas antes que la fuga sea mayor. Un líder audaz es aquel que emprende las acciones de forma inmediata sin temer las dificultades o el riesgo que esto implique, es osado. La audacia es como ese ingrediente que hace que la comida sea más sabrosa. Es atreverse a ser lo que puedes llegar a ser, a intentar algo con la confianza de que, aunque te caigas, al final serás capaz.

Thomas Fuller dice «La audacia en los negocios lo primero, lo segundo y lo tercero».

Conoce tu equipo.

Es muy importante que dediques tiempo a conocer a los miembros de tu equipo y no me refiero a conocer sus nombres únicamente. Hoy día hay muchas pruebas de personalidad que te ayudan en el proceso de conocer a tu equipo. En particular, la prueba DISC es una que utilizo mucho para lograr lo que llamo «sintonizar» con las personas. Sin embargo, debes prepararte para algo más, que muchos pierden de vista y es la diferente gama de generaciones. Es una realidad que la forma de comunicar a una generación no tiene el mismo resultado para otras. No es igual comunicar a la generación baby boomer que a la generación x, millennials, generación z o a los nativos digitales. Simplemente los gustos no son iguales, las experiencias o tal vez la historia de cada uno son muy distintas. Aquí entra en juego también la audacia del líder.

Empodera tus mejores unidades.

Es claro que no puedes hacerlo todo, por eso es sumamente importante que reconozcas a las personas claves en tu equipo, para que ellos lideren los diferentes planes de ejecución. El seguimiento y la interacción a estas unidades, es crucial para el cumplimiento de la misión. No se trata solo de delegar funciones, se trata de que estés allí cuando lo necesiten y aun cuando no sea necesario. Un análisis que siempre he realizado para identificar a estas unidades consta de dos variables, el potencial y el desempeño. Utilizando estás dos variables encontrarás cuatro posibles tipo de unidades:

> ➤ Aquellos que tienen un alto potencial y un desempeño bajo. Estos son aquellos que necesitan de mayor capacitación para el logro de un mayor desempeño. Son unidades con un alto potencial y depende únicamente de ti su crecimiento.

> Aquellos que tienen un alto desempeño y un potencial bajo. Son aquellos que hacen su día a día a satisfacción y se aseguran de cumplir con las tareas. Sin embargo probablemente tengas que analizar su perfil para asegurar si es posible hacer crecer su potencial.
> Aquellos que tienen un potencial alto y un desempeño alto. Estas son las unidades claves actualmente en tu equipo. Estas son los que debes empoderar para llegar a la meta. Ellas representan el ahora mismo porque tienen la idea clara de lo que se espera de ellas y deben ser empoderadas para tomar sus propias decisiones, ya que son capaces de hacerlo.
> Aquellos que tienen un potencial bajo y un desempeño bajo. Estos son los que realizan los trabajos menudos. Estos son los ejecutores de las tareas básicas que son importantes igualmente en un plan.

<u>Liderar en todas las direcciones.</u>

Otro de los errores que he visto, con frecuencia, es el que cometen algunos ejecutivos al pensar que el liderazgo se refleja hacia abajo a su equipo solamente y esto es equivocado. Un buen líder es capaz de advertir a los directivos y jefes que se encuentran arriba de él. No se trata de quejarse, se trata de exponer los argumentos que creen necesarios abordar antes de poner en peligro la misión y la meta. Como mencionamos antes, aquí es donde entra la anticipación a los eventos. No es lo mismo realizar una variante a diez meses de terminar un año, que a un mes de terminarlo o al final de una temporada en los deportes, que estando al inicio o mitad de la temporada. En una misión como tal no debe haber sorpresas por parte del equipo de líderes. El tiempo de reacción debe ser inmediato. Hacia los lados cuando se trata de comunicar hacia otras áreas, otros líderes que están a cargo de sus equipos de trabajo al igual que tú. Ellos están ligados a ti porque sencillamente tienen un gran objetivo en común, aun cuando tal vez los planes sean distintos siempre hay un punto en común. Un líder es más que un alto ejecutivo en una corporación, es un socio y su don de comunicación debe estar perfectamente alineado a sus superiores.

Las decisiones se toman a tiempo.

A menudo ocurre que surgen indecisiones a la hora de tomar decisiones. ¿Será lo mejor? ¿Qué tal si esperamos un poco más? Las indecisiones cuestan caro. Si al tomar una decisión te das cuenta que te equivocas, al menos te da suficiente tiempo para rectificar y corregir. Esto no ocurre cuando postergas una decisión, por el contrario, el problema se complica más e incrementa el riesgo. Debes saber que si no tomas una decisión, alguien más lo hará por ti. «A través de la indecisión, a menudo se pierde la oportunidad» Publilius Syrus. Nada más cierto que esta frase y es que cuando llega el momento de tomar una decisión es porque existe un evento capaz de cambiar el rumbo de algo. Cuando llega un momento de decisión es un momento de resolver como lo indica su sinónimo.

Lo cierto es también que la forma en que nos presentan una situación o la percibimos nosotros mismos condiciona nuestra elección. Por ejemplo a un grupo de pacientes con cáncer de les informo que tienen un 70% de supervivencia un año después de operarse. A otro grupo se les dijo que tienen un 30% de riesgo de fallecer un año después de operarse. En ambos casos se dice lo mismo, pero se presentan de forma distinta. Por esto es importante ver las situaciones desde diferentes perspectivas y minimizar el riesgo de tomar decisiones erradas.

La disciplina lo es todo.

La disciplina es la base de todo y principalmente para un líder. La disciplina trae consigo compromiso, enfoque y cumplimiento. Cuando más se entrena a un equipo, más podrán resolver cualquier problema. El líder imparte la disciplina clarificando las reglas a seguir. Lo mismo ocurre en los deportes, no hay equipo que sea exitoso sin disciplina. Y es que es el conjunto de reglas de comportamiento para mantener el orden en todas las tareas que se realizan. La disciplina empieza por el líder porque recuerda siempre «el que mira hacia afuera sueña, el que mira hacia dentro despierta». La disciplina viene de la mano del autodominio de la mente. Cuando dominas tu mente dominarás tu vida. El autodominio, es el control de la mente y la fuerza de voluntad es la reina de los poderes mentales.

Aplica estas doce claves a tu estilo de liderazgo y te aseguro que los resultados no se harán esperar. Los líderes más reconocidos a través de la historia tienen algo en común y es que han creído firmemente en sus metas, la han honrado y jamás han dudado. En otras palabras, su convicción la han elevado a una palabra corta que encierra un gran poder, la fe. La convicción de lo que no se ve. Este es un rasgo particular de cualquier buen líder.

CAPÍTULO XVI
CAMBIA EL MUNDO

Si quieres que el mundo sea un mejor lugar
mírate a ti mismo y haz un cambio.
—Michael Jackson.

Hemos llegado al capítulo final de este libro y la pregunta que me surge nuevamente en este punto es: ¿Qué harás en adelante?, y es que de qué sirve que abarque conocimientos y no hagas mejoras con ellos. Si tu deseo es cambiar una simple forma de pensar o bien, cambiar una actitud está bien, pero qué hay si deseas cambiar tu vida completamente o la vida de otros, o bien cambiar al mundo, ¿No te parece mejor? De la misma forma, como ocurre en una carrera de relevos cuando se pasa un tuvo llamado «testigo» al siguiente corredor y este a su vez a otro hasta completar la carrera, así mismo, debemos pasar nuestros conocimientos. Nuestras experiencias y vivencias ayudando a otros a mejorar y éstos a otros y así sucesivamente. No hubiese imaginado nunca que aquella persona que inició leyendo aquel libro de Napoleón Hill *Piense y Hágase Rico* en el año de 1991 estaría escribiendo este libro casi 30 años después.

En el año 2014, el almirante de cuatro estrellas retirado de la Naval de los Estados Unidos y ex miembro de los Navy SEALs William H. McRaven dio un discurso a la clase de graduandos de la Universidad de Texas promoción 2014. Este discurso está lleno de mensajes claves para todos los que queremos no sólo cambiar algo en nosotros, sino en el mundo. William H. McRaven es uno de los más de 260 Almirantes cuatro estrellas que ha tenido la Armada de los Estados Unidos en toda su historia. Con una carrera que duró desde 1977 hasta el 28 de agosto de 2014 y aproximadamente 37 años de servicio.

El discurso del almirante William H. McRaven dio origen también a su libro «Make your bed» o en español «Haz tu cama» que contiene datos que pueden ser utilizados en la vida cotidiana.

<u>Discurso del almirante William H. McRaven.</u>

«Han pasado casi 37 años desde el día que me gradué de la Universidad de Texas. Recuerdo muchas cosas acerca de ese día. Recuerdo que tenía un palpitante dolor de cabeza gracias a la fiesta de la noche anterior. Recuerdo que tenía una novia formal con quien más tarde me casé, por cierto eso es importante recordar y recuerdo que me estaba comisionando en la Marina ese día, pero de todas las cosas que recuerdo, no tengo ni idea de quién fue el orador invitado de esa noche y desde luego no recuerdo nada de lo que dijeron.

Así que, reconociendo ese hecho, si no puedo hacer memorable este discurso de graduación, al menos trataré de hacerlo breve. El lema de la Universidad es, "Lo que empieza aquí cambia al mundo." Tengo que admitirlo, en verdad me gusta. Esta noche hay casi 8,000 estudiantes que se gradúan de la Universidad de Texas. Según la página de internet, Ask.com, dice que el estadounidense en promedio conocerá a 10,000 personas en su vida, eso es un montón de gente. Pero, si cada uno de ustedes cambiara la vida de al menos diez personas y cada una de esas personas cambiara la vida de otras diez personas, sólo diez, entonces en cinco generaciones 125 años, la generación 2014 habrá cambiado la vida de 800 millones de personas. 800 millones de personas, piénsalo, es más del doble de la población de los Estados Unidos. Ve una generación más y podrás cambiar toda la población del mundo, 8 mil millones de personas. Si piensas que es difícil cambiar la vida de diez personas, cambiar sus vidas para siempre, estás equivocado. Lo vi pasar cada día en Irak y Afganistán. Un joven oficial del ejército toma la decisión de ir a la izquierda en vez de a la derecha por una carretera en Bagdad y los diez soldados de su pelotón se salvan de una emboscada. En la provincia de Kandahar, Afganistán, un suboficial del equipo femenino de combate siente que algo no está bien y aleja al pelotón de infantería de una bomba IED de 230 kilos, salvando la vida de una docena de soldados. Pero, si lo piensas, no sólo fueron salvados estos soldados por las decisiones de una persona, también sus hijos fueron salvados, y los hijos de sus hijos, generaciones fueron salvadas por una decisión, por una sola persona. Pero cambiar al mundo puede ocurrir en cualquier lugar y cualquier persona puede hacerlo. Así, lo que comienza aquí en verdad puede cambiar el mundo, pero la pregunta es, ¿Cómo se verá el mundo después de que lo cambies? Bueno, estoy seguro de que se verá mucho, mucho mejor, pero si quieres algunos consejos de este viejo marinero, tengo algunas sugerencias que pueden ayudarte en tu camino a un mundo mejor. Y si bien estas lecciones se aprendieron durante mi tiempo en el ejército, te puedo asegurar que no importa si alguna vez has servido un día en uniforme. No importa tu sexo, tu origen étnico o religioso, tu orientación o tu estatus social. Nuestras luchas en este mundo son similares y las lecciones para superar esas luchas y seguir avanzando, cambiándonos a nosotros mismos y al mundo que nos rodea, se aplicarán por igual a todos. He sido un marino SEAL durante 36 años.

Pero todo empezó cuando me fui de la Universidad de Texas para el entrenamiento básico de SEAL en Coronado, California. El entrenamiento como SEAL consiste de seis meses de largas carreras de tortura en la arena blanda, nados de medianoche en el agua fría de San Diego, carreras de obstáculos, calistenia sin fin, días sin dormir y estar siempre frío, húmedo y miserable. Son seis meses de ser hostigados constantemente por guerreros entrenados profesionalmente que buscan encontrar los débiles de mente y cuerpo, y eliminarlos de llegar a ser un Navy SEAL. Pero, este entrenamiento también busca encontrar a los estudiantes que pueden dirigir en un ambiente de tensión constante, de caos, de fracaso y de dificultades. Para mí el entrenamiento como SEAL era una vida de desafíos acumulados en seis meses. Entonces, aquí están las diez lecciones que aprendí del entrenamiento como SEAL, y que confío que te serán de valor conforme sigues adelante en la vida. Cada mañana en el entrenamiento básico de SEAL, mis instructores, que en el momento eran todos veteranos de Vietnam, se presentaban en mi cuarto y lo primero que inspeccionaban era mi cama. Si lo hacías bien, que las esquinas fueran cuadradas, las cubiertas bien tendidas, la almohada centrada justo debajo de la cabecera y la manta extra cuidadosamente doblada a los pies de la base. Era una tarea sencilla, mundana. Pero cada mañana estábamos obligados a tender la cama a la perfección. Me parecía un poco ridículo en ese momento, particularmente a la luz del hecho de que se aspira a ser verdaderos guerreros, SEALs endurecidos por la dura batalla, pero la sabiduría de este simple hecho se ha demostrado muchas veces. Si tiendes tu cama todas las mañana habrás realizado la primera tarea del día. Esto te dará un pequeño sentimiento de orgullo y te animará a hacer otra tarea y otra, y otra. Al final del día, esa tarea completada se habrá convertido en muchas tareas completadas. Tender tu cama también reforzará el hecho de que pequeñas cosas de la vida son importantes. Si no puedes hacer bien las cosas pequeñas, nunca harás bien las cosas grandes. Y, si por casualidad tienes un mal día, llegarás a casa a una cama que está tendida, que tú tendiste, y una cama bien tendida te da aliento de que mañana será mejor. Si quieres cambiar el mundo, empieza por tender tu cama.

Durante el entrenamiento de SEAL los estudiantes son divididos en equipos por bote. Cada tripulación es de siete estudiantes, tres a cada lado de un pequeño bote de goma y un timonel para ayudar a guiar el bote. Cada día tu tripulación se forma en la playa y es instruida para llegar a través de la zona de surf y remar varios kilómetros de la costa. En el invierno, las olas de San Diego pueden llegar a ser de 2.5 a 3 metros de altura y es extremadamente difícil remar a través del oleaje a menos que todos se hagan los fuertes. Cada remo se debe sincronizar con el número de trazos del timonel. Todo el mundo tiene que ejercer el mismo esfuerzo o el barco se volverá contra la ola y será sacudido hacia atrás de nuevo en la playa. Para que el bote llegue a su destino, todo el mundo tiene que remar. No puedes cambiar el mundo tú sólo, necesitarás ayuda, y para realmente llegar desde tu punto de partida hasta tu destino se requiere de amigos, colegas, la buena voluntad de extraños y un fuerte timonel para guiarlos. Si quieres cambiar el mundo, encuentra a alguien que te ayude a remar. Después de unas pocas semanas de entrenamiento difícil, mi clase de SEAL que comenzó con 150 hombres se redujo a sólo 42. Ahora había seis tripulaciones de siete hombres cada una. Yo estaba en el bote con los tipos altos, pero la mejor tripulación que teníamos estaba formada por los chicos chaparros, los llamábamos la tripulación munchkins, ninguno estaba por encima de los 1.70 metros. La tripulación munchkins tenía un indio americano, un afroamericano, un polaco americano, un griego americano, un ítalo americano, y dos niños resistentes del medio oeste. Ellos remaban más rápido, corrían más rápido y nadaban más rápido que todas las demás tripulaciones. Los hombres grandes de las otras tripulaciones siempre harían burla de las diminutas aletas que los munchkins ponían en sus diminutos pies antes de cada nado. Pero de alguna manera estos pequeños individuos, de todos los rincones de la nación y del mundo, siempre tenían la última risa, nadando más rápido que los demás y llegando a la orilla mucho antes que el resto de nosotros. El entrenamiento de SEAL era un gran ecualizador. Nada importaba, más que tu voluntad de triunfar. Ni tu color, ni tu origen étnico, ni tu educación y tampoco tu estatus social. Si quieres cambiar el mundo, mide a una persona por el tamaño de su corazón, no por el tamaño de sus aletas. Varias veces a la semana, los instructores alinearían a la clase y harían una inspección de uniforme. Era excepcionalmente profunda. Tu sombrero tenía que estar perfectamente almidonado, tu uniforme inmaculadamente planchado y la hebilla del cinturón brillante y libre de cualquier mancha. Pero parecía que no importaba cuánto esfuerzo ponías en almidonar tu sombrero, o planchar el uniforme o pulir la hebilla del cinturón, simplemente no era suficientemente bueno. Los instructores encontrarían algo mal. Por reprobar la inspección de uniforme, el estudiante tenía que correr con la ropa puesta en la zona de surf y después, mojado de pies a cabeza, tenía que rodar por la playa hasta que cada parte de su cuerpo estuviera cubierta de arena. El efecto se conocía como "Galleta de azúcar." Te quedabas con ese uniforme el resto del día, frío, húmedo y cubierto de arena. Había muchos estudiantes que no podían aceptar el hecho de que todo su esfuerzo fuera en vano. Que no importaba lo mucho que intentaron tener su uniforme impecable, esto era poco apreciado. Esos estudiantes nunca lo lograron a lo largo del entrenamiento. Esos estudiantes no entendieron el propósito del entrenamiento. Nunca ibas a tener éxito. Nunca ibas a tener un uniforme perfecto, los instructores no lo permitirían. A veces no importaba lo bien que te prepararas o lo bien que lo hicieras, aun así terminarías como una galleta de azúcar. Es sólo la forma en como la vida es a veces. Si quieres cambiar el mundo supera ser una galleta de azúcar y sigue adelante.

Todos los días durante el entrenamiento eras desafiado con múltiples eventos físicos, largas carreras, largos nados, carreras de obstáculos, horas de ejercicios de calistenia, algo diseñado para poner a prueba tu espíritu. Cada evento tenía estándares, tiempos que tenías que cumplir. Si fallabas en cumplir esos estándares tu nombre era publicado en una lista y al final del día los de la lista eran invitados a un "circo". Un circo eran dos horas de ejercicios de calistenia adicionales, diseñados para desgastarte, para romper tu espíritu, para obligarte a renunciar. Nadie quería un circo. Un circo significaba que por ese día tú no estabas a la altura. Un circo significaba más fatiga y más fatiga significaba que al día siguiente sería más difícil y habría más circos probablemente. Pero en algún momento durante el entrenamiento de SEAL, todos, todos, terminaban en la lista de los circos. Pero algo interesante le ocurrió a los que estaban constantemente en la lista. Con el tiempo esos estudiantes, los que hacían dos horas extras de calistenia, se hicieron más fuertes y más fuertes. El dolor de los circos les desarrolló fuerza interior y resistencia física. La vida está llena de circos. Vas a fracasar. Es probable que falles a menudo, será doloroso, será desalentador. A veces te pondrá a prueba hasta las entrañas. Pero si quieres cambiar el mundo, no tengas miedo de los circos.

Por lo menos, dos veces a la semana, se les pedía a los alumnos correr la carrera de obstáculos. La carrera de obstáculos contenía 25 obstáculos, incluyendo un muro alto de 3 metros, una red de carga de 9 metros y un alambre de púas para arrastrarse por nombrar algunos. Pero el obstáculo más difícil era la "Línea de vida". En un extremo tenía una torre de tres niveles que medía 9 metros y en el otro extremo una torre de un nivel, En el medio había una larga cuerda de 60 metros.

Tenías que escalar la torre de tres niveles y una vez en la cima agarrabas la cuerda, te balaceabas por debajo de ella y tirabas de ti mismo mano sobre mano hasta que llegabas al otro extremo. El récord de la carrera de obstáculos se había mantenido por años cuando mi clase comenzó a entrenar en 1977. El récord parecía imbatible, hasta que un día, un estudiante decidió ir por la línea de vida con la cabeza primero. En lugar de balancear su cuerpo por debajo de la cuerda y avanzar poco a poco hacia abajo, subió valerosamente a lo alto de la cuerda y se impulsó hacia adelante. Fue un movimiento peligroso, aparentemente absurdo y lleno de riesgos. Fallar podría significar una lesión y ser expulsado de la formación. Sin dudarlo, el estudiante se deslizó por la cuerda peligrosamente rápido, en lugar de varios minutos, sólo le tomó la mitad de ese tiempo y para el final de la carrera ya había batido el récord. Si quieres cambiar el mundo a veces tendrás que deslizar la cabeza primero por el obstáculo.

Durante la fase de guerra terrestre del entrenamiento, los estudiantes son trasladados a la isla de San Clemente que se encuentra frente a la costa de San Diego. Las aguas de San Clemente son un terreno de cultivo para los grandes tiburones blancos. Para aprobar el entrenamiento SEAL hay una serie de largos nados que deben ser completados. Uno es el nado nocturno. Antes de la natación los instructores les informan alegremente a los alumnos de todas las especies de tiburones que habitan en las aguas de San Clemente. Te aseguran, como sea, que ningún estudiante ha sido comido por un tiburón, al menos no que ellos recuerden. Pero, también se te enseña que si un tiburón comienza a rodear tu posición, permanezcas firme. No nades lejos, no actúes con miedo. Y si el tiburón, ansioso de un bocadillo de medianoche, se lanza hacia ti, entonces pon todas tus fuerzas y dale un puñetazo en el hocico y se regresará, y nadará lejos. Hay un montón de tiburones en el mundo. Si esperas completar el nado tendrás que lidiar con ellos. Así que, si quieres cambiar el mundo, no te eches para atrás con los tiburones.

Como Navy SEALs uno de nuestros trabajos es llevar a cabo los ataques submarinos contra barcos enemigos. Hemos practicado esta técnica ampliamente durante el entrenamiento. La misión de ataque de barco consiste en que un par de buzos SEAL son dejados fuera de un puerto enemigo y luego nadan más de dos kilómetros bajo el agua usando nada más que un profundímetro y una brújula para llegar a su objetivo. Durante todo el nado, incluso muy por debajo de la superficie, hay algo de luz. Es reconfortante saber que hay agua abierta por encima de ti. Pero a medida que te acercas a la nave que está atada a un muelle, la luz empieza a desvanecerse. La estructura de acero del barco bloquea la luz de la luna, bloquea las lámparas de la calle que están alrededor, bloquea todo ambiente de luz. Para tener éxito en la misión, tienes que nadar bajo el barco y encontrar la quilla, la línea central y la parte más profunda de la nave. Este es tu objetivo. Pero la quilla es también la parte más oscura de la nave, donde no puedes ver tu mano enfrente de tu cara, donde el ruido de las máquinas del buque es ensordecedor y donde es fácil desorientarse y fallar. Cada SEAL sabe que bajo la quilla, en el momento más oscuro de la misión, es el momento en el que necesitas estar tranquilo, cuando debes estar tranquilo, cuando debes estar sereno, cuando todas tus habilidades tácticas, tu poder físico y toda tu fuerza interior deben ser explotadas para aguantar. Si quieres cambiar el mundo, debes dar lo mejor en los momentos más oscuros.

La novena semana de entrenamiento se conoce como la "Semana del Infierno." Son seis días de no dormir, constante acoso físico y mental, y un día especial en las llanuras de la marea. Éstas están en la zona entre San Diego y Tijuana, donde el agua se escurre y se crean las arenas movedizas de Tijuana, un parche de terreno pantanoso en el que el lodo te traga.

Es en miércoles de la semana del infierno en el que remas hacia las arenas movedizas y pasas las siguientes 15 horas tratando de sobrevivir al lodo frío, a los fuertes vientos y a la presión incesante de renunciar por parte de los instructores. A medida que el sol comenzaba a ponerse ese miércoles por la tarde, mi clase de entrenamiento, después de haber cometido alguna infracción flagrante de las normas era formada en el lodo. El lodo consumía a cada hombre hasta que no había nada visible más que nuestras cabezas. Los instructores nos decían que podíamos salir del lodo si tan sólo cinco hombres renunciaran al entrenamiento, sólo cinco hombres y podríamos salir del frío opresivo. Mirando alrededor del piso de lodo era evidente que algunos estudiantes estaban a punto de darse por vencidos. Todavía faltaban más de ocho horas hasta que el sol saliera, ocho horas más de frío escalofriante en los huesos. Las vibraciones de los dientes y los gemidos temblando de los alumnos eran tan fuertes que era difícil oír nada y luego, una voz comenzó a resonar en la noche, una voz alzada en una canción. La canción era terriblemente desafinada, pero cantada con gran entusiasmo. Una voz se convirtió en dos y dos se convirtieron en tres y en poco tiempo todo el mundo en la clase estaba cantando. Los instructores nos amenazaban con más tiempo en el lodo si seguíamos cantando, pero el canto persistió. Y de alguna manera el lodo parecía un poco más cálido, el viento un poco más tranquilo y el amanecer no tan lejos. Si algo he aprendido en mi tiempo viajando por el mundo, es el poder de la esperanza. El poder de una sola persona, Washington, Lincoln, King, Mandela e incluso una joven de Pakistán, Malala, una persona puede cambiar el mundo dándole esperanza a la gente. Así que, si quieres cambiar el mundo, empieza a cantar cuando tengas el lodo hasta el cuello.

Por último, en el entrenamiento de Navy SEAL hay una campana. Una campana de bronce que cuelga en el centro del complejo para que todos los estudiantes la puedan ver.

Todo lo que tienes que hacer para renunciar al entrenamiento es tocar la campana. Toca la campana y ya no tendrás que levantarte a las 5:00. Toca la campana y ya no tendrás que hacer los nados congelantes. Toca la campana y ya no tendrás que hacer las carreras, la carrera de obstáculos, el PT y ya no tendrás que soportar las dificultades del entrenamiento. Todo lo que tienes que hacer es tocar la campana. Si quieres cambiar el mundo, nunca, nunca toques la campana.

Para los estudiantes de la generación 2014, que están a pocos minutos de graduarse, a pocos minutos de comenzar su viaje por la vida, a pocos minutos de empezar a cambiar el mundo para bien. No va a ser fácil. Pero ustedes son la generación 2014, la generación que puede influenciar en la vida de 800 millones de personas en el siguiente siglo. Comiencen cada día con una tarea completada. Encuentren a alguien que les ayude a lo largo de la vida. Respeten a todos. Sepan que la vida no es justa y que van a fracasar a menudo, pero si toman algunos riesgos, se intensifican cuando los tiempos son duros, se enfrentan a los abusivos, levantan a los oprimidos y nunca, nunca se rinden, si hacen estas cosas, entonces la próxima generación y las generaciones que siguen van a vivir en un mundo mejor que el que tenemos hoy en día y lo que comenzó aquí en efecto habrá cambiado el mundo para bien. Muchas gracias».

Finalmente, y al terminar este libro, quisiera decirte unas últimas palabras: «El camino hacia el éxito empieza en ti y termina en ti. No será fácil, pero ahora tienes muchas más herramientas en este libro que sé las sabrás aprovechar. No importa si eres joven o adulto la historia está llena de personas que realizaron grandes proezas a una edad avanzada. No hay un tiempo que define el éxito. Algunos lo logran antes que otros, pero la satisfacción de vivirlo es la misma. El camino es largo, asegúrate de recoger en el camino aquellas cosas que te funcionarán más adelante y desecha aquellas que solo son una carga. En este punto siéntete orgulloso de decir Soy Exitoso, Audaz y Líder (SEAL)

Dios te guíe siempre y te colme de bendiciones».

¡Vivamos con pasión!, Zalo

SER EXITOSO, AUDAZ, LÍDER se terminó de imprimir en diciembre de 2020, en impresiones Ruby Creations, en la ciudad de Panamá, República de Panamá.